本书受山东省自然科学基金项目“环境规制对山东省绿色全要素生产率的影响研究
——基于 EBM-Luenberger 指数和 PSM-DID 的实证分析”（ZR2020QG043）资助

区域减税政策对企业生产率的影响研究

刘雪燕　季永宝　著

QUYU JIANSHUI ZHENGCE DUI QIYE
SHENGCHANLÜ DE YINGXIANG YANJIU

哈爾濱工業大學出版社

图书在版编目(CIP)数据

区域减税政策对企业生产率的影响研究/刘雪燕，季永宝著. —哈尔滨：哈尔滨工业大学出版社，2021.10

ISBN 978-7-5603-9705-4

Ⅰ.①区… Ⅱ.①刘… ②季… Ⅲ.①减税—税收政策—影响—全员劳动生产率—研究—中国 Ⅳ.①F279.23

中国版本图书馆 CIP 数据核字(2021)第 202448 号

区域减税政策对企业生产率的影响研究

QUYU JIANSHUI ZHENGCE DUI QIYE SHENGCHANLÜ DE YINGXIANG YANJIU

策划编辑 李艳文 范业婷
责任编辑 佟 馨
出版发行 哈尔滨工业大学出版社
社 址 哈尔滨市南岗区复华四道街 10 号 邮编 150006
传 真 0451-86414749
网 址 http://hitpress.hit.edu.cn
印 刷 哈尔滨圣铂印刷有限公司
开 本 787 毫米×1092 毫米 1/16 印张 12 字数 189 千字
版 次 2021 年 10 月第 1 版 2021 年 10 月第 1 次印刷
书 号 ISBN 978-7-5603-9705-4
定 价 58.00 元

前 言

与已实现后发超越而进入发达经济体俱乐部的亚洲国家或地区采取的措施一样，改革开放以来，中国政府在经济发展过程中发挥重要作用的方式之一，是广泛且持续地实施各类区域导向与产业促进性政策。考虑到中国区域政策实施的广泛性、持续性以及高成本性，准确地评估其实施效果在理论与实践上就变得至关重要。区域政策、产业政策之争由来已久，但并无定论。而事实情况是，无论是美国还是东亚经济体的经济快速增长，都曾受益于对应时期的区域政策、产业政策等政府干预手段，但诸多国家和经济体却深受其掣肘。本书认为，以某一次区域政策的成功或者失败来探讨区域政策的有效性往往有失偏颇，不同区域政策工具与不同现实环境的交互可能会产生不同的政策效果，应当以区域政策制定时的政策目标为导向，具体考察某一类区域政策工具的政策效果，只有这样才能厘清不同类型区域政策的微观作用效力。

区分不同类型区域政策的不同经济影响是科学制定区域发展政策的前提。更具体地，区域政策作为各类优惠政策的落脚地，是优惠政策的空间表现形式，但关于区分每种区域优惠政策不同经济效用的文献甚少，且鲜有研究者从区域政策细分类型的角度对区域减税政策影响企业生产效率的异质性作用机制、政策效应等问题给出理论化和实证化的解构，更缺乏从新经济地理理论出发考察区域减税政策对不同行业、不同所有制、不同规模、不同生产率的企业产生的异质性效果以及政策的时间动态效应等经验研究。

众所周知，仅由要素投入增加引致的产出增长不具备可持续性，全要素生产率才是经济持续增长的源泉和动力。因此，区域减税政策能否使得经济持续稳定增长的关键在于其能否使得微观企业全要素生产率(TFP)得到提升。本书选择从微观企业生产率这一视角考察区域减税政策的有效性和条件性，将有助于我们更加清晰地理解区域减税政策发挥作用的内在机制与可持续性。而本书从新新经济地理理论出发考量区域减税政策影响企业生产率的作用效应，主要是考虑到企业异质性理论与新经济地理理论的结合，能够更加准确有效地评估区域政策效果，得出的结论也可以更具针对性和现实性。而之所以选择西部大开发区域减税政策，是因为这一政策可以兼顾本书所要研究的区域减税政策有效性和区域均衡发展问题。

本书的主要研究内容在总体上遵循"提出问题—分析问题—解决问题"和"经济现象—理论分析—实证分析—对策研究"的思路。

理论研究部分在对文献综述和相关理论进行梳理的基础上，从区域减税政策影响企业生产率的数理模型和作用机制两方面分别对其进行论证。首先，从数理模型的角度入手，在垄断竞争框架下进行模型拓展，改进模型中关于规模报酬不变的假设，衡量区域减税政策对资源配置效率的影响程度，推演出区域减税政策与企业全要素生产率之间的数理关系。其次，通过引入区域减税政策对新经济地理经典模型进行拓展，讨论该政策如何因企业异质性引致不同的实施效果，从而在理论层面推演出区域减税政策与企业生产率之间的数理关系。最后，在已有文献的基础上，将区域减税政策影响企业生产率的作用机制总结为：缓解企业融资约束、增加企业可支配利润、吸引企业集聚产生学习效应和选择效应、激励企业家创新创业和减税政策具有长期均衡效应，并提出了相应的研究假说。

从经验研究层面来讲，本书利用了中国规模最大的区域性减税政策（西部大开发区域减税政策）作为政策冲击的准自然实验。文章使用西部大开发政策作为外生政策冲击的原因如下：首先，西部大开发属于中央政府层面制定的政策，对于企业来说属于外生的政策冲击；其次，减税力度和规模足够大有利于研究识别，在 2007 年之前，我国企业所得税名义税率一般为 33%，而西部地区享受的企业所得税优惠政策名义税率只有 15%，这比一般的企业所得税名义税率低了 54%；最后，西部大开发减税政策针对的是企业所得税，而企业所得税在中国的税收收入占比仅次于增值税，是十分重要的税种。为了更加科学地设置控制组与对照组，本书创造性地选取西部大开发政策中西部省界分界线左右两侧的城市、县域，将工业企业数据库与边界的城市、县域进行匹配，筛选出边界线左右两侧的企业。文章通过研究省界边界线左右两侧的企业是否受到政策影响来进行减税政策效果识别。

实证检验部分中，本书首先对企业所得税减免的事实进行了验证，结果表明，西部大开发政策使得西部企业所得税有效税率下降了11.5%。西部大开发减税政策使得企业的实际所得税有效税率下降，企业确实能够享受到减税优惠政策。减税政策使得西部企业的TFP相对于非西部没有减税政策的企业而言提升了21.5%。

接下来，我们选择各类指标和方法对前文的作用机制和研究假说进行了实证检验，具体而言，选择SA指数测度企业的融资约束，回归结果显示，西部大开发区域减税政策缓解西部企业的融资约束相对于非西部没有减税政策的企业而言得到了显著改善，减税政策可以冲抵融资约束，进而对生产率起到平滑作用。选取企业人力资本、投资决策以及进出口决策三个方面对企业受到税收优惠前后的变化进行分析，验证了减税政策增加企业可支配利润的机制。为了检验减税政策的选择效应，本书发现西部大开发区域新进入的企业确实具有更高的TFP，进一步将企业的样本区分出新进入企业和存续企业来对结果进行分析，减税政策对于存续企业的TFP都存在6%～13%的显著正向影响。使用企业新产品产值和企业新产品产值占营收的比重分别作为被解释变量进行估计，随着加入的控制变量越来越多，实证检验的条件越来越严格，估计系数不再显著。这说明西部大开发区域减税政策能够促进企业家创新创业的这一结论并不成立。长期均衡模型检验结果表明，随着时间的推移，回归系数和显著性水平出现先增大后减少的趋势，减税政策对于企业TFP的影响随着时间的推移会先增加后稳定，从长期动态视角来看，西部大开发区域减税政策对企业生产率的促进作用存在边际效应递减的一般均衡效应。

进一步，本书对西部大开发区域减税政策对企业生产率的影响特征进行了检验，结果表明：

(1)通过核密度图对西部大开发区域减税政策区与非政策区企业的生产率分布进行直观的比较发现，减税政策使得西部地区企业的生产率分布状况大大改善。一方面，西部地区的平均生产率水平更高，尤其体现在西部地区的低效率企业相对减少；另一方面，西部地区企业的生产率分布更加集中，反映出其资源配置效率的提升。

(2)西部大开发区域减税政策实施之前，西部地区基本不存在学习效应和选择效应；减税政策实施后，最先发挥作用的是选择效应，低生产率企业率先进入该区域，各类企业的不断涌入慢慢产生学习效应；在学习效应不断增强的过程中，选择效应也在不断发生变化，高生产率企业会更多地进入减税政策区，一方面是减税政策的吸引作用，另一方面则是学习效应的不断强化也对高生产率企业产生了吸引作用。

(3)为进一步研究对异质性生产率企业的政策效果，采用分位数方法进行实证分析，结论表明，随着分位数的逐渐降低，西部大开发区域减税政策的估计系数逐渐增加，说明生产率水平越低的企业对西部大开发区域减税政策的敏感度越高，即西部大开发区域减税政策更能促进低生产率企业的生产率提升。

(4)分行业回归结果表明，西部大开发区域减税政策能够使得西部地区资源密集型企业的生产率提升 7.12%～22.4%。其增速高于其他三类企业，一方面是与我国的经济发展阶段有较大关系，另一方面是资源密集型企业多为国有企业，减税政策对国有企业生产率提升的促进作用更为明显。减税政策对技术密集型企业生产率的促进作用低于对其他三类企业生产率的促进作用。

(5)从企业特征层面来讲，西部大开发减税政策对三种不同所有制类型的企业生产率均有显著促进作用，按照系数的大小进行测算，西部大开发区域减税政策可以使得国有企业生产率提高 7.42%、民营企业生产率提高 3.58%、外资企业生产率提高 3.86%。减税政策对国有企业生产率的促进作用远高于私营企业和外资企业。这主要与其国有垄断的行业和企业特征有关，国有企业相对于民营企业具有执行力优势。

(6)实证检验不同规模的企业在面临减税时的异质性，结论表明减税对资产规模在最低 25%分位数组的企业影响最为显著，而在其他组的估计结果都不显著。这说明西部大开发区域减税政策对规模较小的企业具有更加明显的促进作用，而随着企业规模的扩大，其促进作用逐渐变小。

(7)为避免边界线两侧省份由于地理环境等方面存在较大差异，无法满足平行趋势假设的弊端，分地区检验结果表明西部大开发区域减税政策对内蒙古、陕西、重庆、贵州、广西的企业生产率进行回归的五组结果均显著为正，这证明了前文的结论不存在“被平均”效应，回归结论是稳健的。另外，可以得出的启示是，政策制定者在进行政策设计时，不仅需要事先预估政策实施后对该区域产生何种影响，还需要考虑到政策的空间效应。

此外，本书对面临的其他可能存在的内生性问题进行了进一步的检验，主要通过以下三种方式。第一是对其他竞争性假说的排除，由于西部大开发减税政策只是针对鼓励类产业的减税优惠政策，因此，通过西部大开发政策官方文件中的税收优惠政策产业目录，采用三重差分的方法验证西部大开发区域减税政策影响企业生产率的稳健性。第二是按企业是否盈利进行分组回归，如果企业当年没有实现盈利则不需要缴纳企业所得税，为防止该部分企业的影响，通过分组回归验证了企业所得税优惠政策能够有效地为企业降低税收成本，使企业 TFP 上升。第三是更换被解释变量的 TFP 的计算方法，使用索罗固定效应模型方法计算出企业 TFP，而后进行实证检验，同时，使用边界县（市、区）的数据进行回归检验，验证了结论的稳健性。

本书结论表明，减税政策虽然对于企业的 TFP 有提升效果，但这种效果在长期是收敛的，即减税政策并不是万能的，长期的经济持续稳定增长可能还需要配合其他政策。并且，不同规模类型的企业对于减税效应的反应存在差异，在制定政策时更加应该注意这样的企业异质性。

作　者

2021 年 4 月 28 日

目　录

第一章　绪　论

第一节　研究背景与研究意义

一、研究背景

实施区域政策是目前新兴经济体进行经济干预的常见手段，尽管干预政策在世界范围内广泛存在，但认可度最高的是东亚地区的经济体实施的区域干预政策。比如，日本经济在1950—1973年间进入“高增长时代”，实现了惊人的经济增长速度，平均高达9.2%，被称为“日本奇迹”。对于这一现象，国际主流观点认为是日本政府，尤其是通产省，通过适当的经济干预政策，引导产业发展推动经济增长，最终实现了“日本奇迹”。尽管在资产泡沫破灭后，日本经济下滑、GDP增速停滞，但其经济总量和科技创新能力一直处于世界前列。普华永道会计师事务所公布的2017年全球创新1 000强报告表明，美国仍然是全球经济最重要的增长极，日本仅居其后，美、日、中、欧四大经济体继续领衔全球经济增长。中国有113家企业榜上有名，位居排行榜第三。而日本无论是经济还是科技创新能力仍保持较强的全球竞争力，这与其前期实施的政府干预型区域政策、产业政策紧密相关。

改革开放四十多年来，中国政府积极借鉴凭借后发优势进入发达经济体的亚洲国家或地区的政策措施，广泛而持续地实施不同种类的区域导向性政策或者产业促进政策，比如，目前实施的西部大开发战略、振兴东北老工业基地战略、建立国家级和省级经济开发区等政策措施。通常来讲，中国政府首先是明确战略发展的基本原则和基本要求，在此基础上制定较为详尽的政策实施方案。此外，考虑到中国各类区域政策实施过程中存在着高成本、广泛性、持续性等特点，准确地评估其实施效果在理论与实践上就变得尤为重要。然而，现阶段，学术界对于区域政策的有效性还尚未形成统一的结论，仍存在很大争议。

部分学者比较支持政府在经济发展过程中实施积极有效的干预政策，比较有代表性的，如 Knack，Keefer，Easterly 和 Levine 等提出的"扶持之手"以及 Shleifer，Vishny，Frye 分析的"掠夺之手"等内容。中国政府需要根据不同的政策目标，采取不同的区域政策，实现对国家经济的宏观调控，从而刺激经济增长，弥补市场活动中存在的不足，不断完善市场，更好地实现区域政策对中国经济体制改革和产业发展产生的引导和扶持作用，进一步促进资源的优化配置，实现帕累托最优，更好地促进产业结构的优化升级。另一部分学者则持有相反的观点，认为区域政策对于产业生产效率的提高并不能起到很好的促进作用，也不能有效增加部门的规模收益和资本的积累，反而在某种情况下导致投资效率低下、产能过剩等负面效应，还可能造成要素资源配置的扭曲等，不断降低资源的配置效率，增加了要素市场竞争的不公平性和无效性。

上述争论由来已久，尽管未能得出一致结论，但事实情况是，无论是美国，还是东亚经济体的经济快速增长，都曾受益于对应时期的区域政策、产业政策等政府干预手段，但诸多国家和经济体却深受其掣肘。本书认为，以某一次区域政策的成功或者失败来探讨区域政策的有效性往往有失偏颇，不同区域政策工具与不同现实环境的交互可能会产生不同的政策效果，应当以区域政策制定时的政策目标为导向，具体考察某一类区域政策工具的政策效果，只有这样才能厘清不同类型区域政策的微观作用效力。

具体到中国的现实问题，中国政府通过各种方式实施的区域政策多年来一直影响着经济发展的方向，而学术界对于不同类型区域政策是否有效、在什么条件下有效并没有统一的结论。特别是在中国，各种区域政策、产业政策、开发区政策的无效性都易被解释为政府对地区经济发展的错误干预，但这种误解可能是由于对政策效果区分不到位导致以偏概全。例如，区域性产业政策往往包含减税政策、财政补贴、土地补贴、基础设施建设等一揽子计划，如何在实证上区分出每种优惠政策的不同经济效果是这类文献研究面临的难题。而区分不同类型区域政策的不同经济影响则是科学制定区域发展政策的前提。更具体地，区域政策作为各类优惠政策的落脚地，是优惠政策的空间表现形式，但关于区分每种区域优惠政策不同经济效用的文献甚少，且鲜有研究者从区域政策细分类型的角度对区域减税政策影响企业生产效率的异质性作用机制、政策效应等问题给出理论化和实证化的解构，更缺乏从新经济地理理论出发考察区域减税政策对不同行业、不同所有制、不同规模、不同生产率的企业产生的异质性效果以及政策的时间动态效应等经验研究。

本书基于微观企业生产率这一视角，具体研究区域减税政策的有效性和条件性，主要从理论和实践两个方面展开讨论。理论层面上，区域减税政策实施目的主要就是协调区域经济的健康稳定发展，促进产业集聚，形成经济增长极。要素投入的增加和生产效率的提升是企业产出增长的重要途径，而微观企业总产出的不断增加是宏观经济增长的主要源动力，这就表明区域减税政策能否实现经济持续健康稳定增长取决于能否有效促使微观企业全要素生产率(Total Factor Productivity，TFP)提升。从实践层面上，政府不断强调进行经济发展方式的转变、依靠科技创新推动产业结构优化升级等理念和目标，企业的创新能力和生产效率成为识别区域减税政策实施效果及其内在传导机制的绝佳视角。尤其是现阶段，国内经济增长放缓，企业的生产成本不断增加，投资效益却不断下降，出口增长动力不足，技术创新和生产效率的提升对于企业的可持续发展产生的促进作用日益突出。尽管近年来，企业的研发投入不断增加，国际贸易、外国直接投资(Foreign Direct Investment，FDI)等技术溢出效应不断增强，整体技术进步效率又不断提升，但是企业的生产效率却一直落后于技术进步效率的提升，没有充分发挥其积极作用。可见，中国企业不仅需要注重研发资金和研发人员的总量投入，更应注重提升企业生产效率，因此，选择企业生产率这一研究视角将有助于我们更加清晰地理解区域减税政策发挥作用的内在机制与可持续性。

本书选择从新新经济地理理论出发考量区域减税政策影响企业生产率的作用效应，主要是新经济地理模型的应用研究中，企业的学习效应和选择效应无法得到有效区分，从而使得区域政策效果评估的研究不能得到更加准确、有效的结论。Baldwin 和 Okubo 认为在学习效应作用下，可以促使企业迁至边缘区的区域政策会进一步扩大地区生产率差异，政策仅会吸引较低生产率的企业发生迁移行为，导致区域政策效果不明显。本书认同应当在理论模型中引入微观异质性，促使区域政策更加具有实践性，如 Baldwin 和 Okubo 在国际税收模型中纳入企业异质性，分析税收对企业区域选择的影响作用；Davies 和 Eckel 构建了一个企业税收竞争模型研究政府进行过度竞争而带来的低税率和高工资引起的一系列问题。因此，将微观企业异质性引入新经济地理模型中，为经济地理研究开辟了新的路径，在传统理论分析的基础上能够得出许多新的结论。

而之所以选择西部大开发区域减税政策，是因为这一政策可以兼顾本书所要研究的区域减税政策有效性和区域均衡发展问题。同时，从 1999 年提出西部大开发战略至今，国家推出多项基础设施建设、税收减免和转移支付等区域政策，西部大开发区域减税政策已成为中国迄今为止规模和影响力最大的区域减税政策之一。这项政策对中国经济发展方向有重要作用，对于研究区域政策的有效性和区域均衡发展问题来讲是不二选择。以新经济地理理论为研究基础，基于企业生产率视角具体探讨西部大开发区域减税政策的实施效果有着重大的现实意义和政策指导价值。

二、研究意义

（一）理论意义

本书旨在针对中国现实问题，以西部大开发区域战略中的区域减税政策为载体，基于新新经济地理理论探讨其对企业生产率的实施效果和作用途径。首先，区分不同类型区域政策的不同经济影响是科学制定区域发展政策的前提，通过考察区域减税政策的效果，能够对未来政策制定的指向和路径产生一定启示作用。其次，本书总结出区域减税政策影响企业生产率的机制路径，能够更加清晰地考量各个作用机制所发挥的效用。再次，本书从宏观层面对 Hsieh 和 Klenow 的资源错配垄断竞争模型进行拓展，证明区域政策因子对全要素生产率具有影响关系。然后从微观层面通过引入区域减税政策对 Okubo 等的模型进行拓展，将企业异质性引入模型讨论该政策如何因企业异质性而引致不同的实施效果。本书融合了企业异质性的新经济地理理论，为研究区域政策的微观效应和实施效果，提供了重要的新视角和新理论框架。最后，本书基于新新经济地理理论，从考察企业生产率的视角综合探究区域减税政策有效性和区域均衡发展问题，填补了区域减税政策对企业生产率异质性作用效果的相关研究空白。

（二）现实意义

从政策制定和实施方面来讲，本书的结论对政策实施方而言具有量化具象作用，后续政策实施过程中，可以预估减税政策对企业生产率的作用机制和不同企业对减税政策的敏感程度，便于后续政策的制定和精准实施；对企业方而言，企业能够更加了解这类区域减税政策是否适合企业的现状，是否对自身的发展有帮助，是否为自身所需的政策，能在多大程度上受益，这些都能够提升政策制定与企业需求之间的契合度。

从既有研究方面来讲，本书可能在三个方面丰富了已有研究。第一，关于减税政策如何影响宏观经济增长的理论和实证研究成果已十分丰富，而近年来越来越多的文献利用企业层面数据来分析减税政策背后的微观经济效应，主要包括减税政策对于企业投资、劳动力需求、企业选址行为等的影响。然而，已有文献更多的是考察减税政策对于企业单一层面的影响，本书则从新新经济地理理论出发考察了区域减税政策如何影响企业生产率，更探讨了区域减税政策的长期效应和异质性效果。第二，为区域减税政策的经济增长效应提供了经验证据。对于区域政策的利弊效应，诸多学者进行了深入探讨。基于我国的制度背景，本书通过设计三重差分模型，区分识别出西部大开发一揽子政策中的区域减税政策的微观经济效应。第三，本书也为研究西部大开发政策的有效性提供了新的视角。已有文献认为西部大开发促进经济增长主要是通过实物资本积累，而导致西部地区的经济增长质量未能有效提升；并提出西部大开发过程中存在着“政策陷阱”和资源诅咒效应。这类文献多停留于西部大开发政策对宏观区域经济的影响，并未深入考察西部大开发政策是如何做到“落地”的微观效果。本书首次从微观企业生产率视角出发考察一揽子政策中的减税政策效应，为西部大开发区域政策的局部效应评估提供了经验支撑。

第二节　相关文献综述

一、相关概念界定

(一) 区域政策

区域政策主要分为广义的区域政策和狭义的区域政策两种。前者主要是以政府为主体,以协调区域经济发展为对象,为解决市场资源配置失灵而采取的系列措施的总称,内容上主要包含经济、社会、政治、环境、文化等不同的区域政策。狭义的区域政策主要是研究和经济发展相关的区域经济政策。而区域经济政策由政府制定和实施,主要是为了协调、促进区域经济发展而颁布的各种法令、条例措施等,通常作为政府干预区域经济、规范区域经济中行为主体、保证区域经济顺利发展的重要手段。

从学术视角讲,区域政策主要是区位导向性政策,在特定的区域内部实施,主要包括税收减免、基础设施投资、人力资本补贴等,更好地实现资源禀赋在空间区域内的流通,目前在全世界范围内得到了广泛的使用。但是不同国家间的区域导向性政策实现目标又存在很大的差异。

(二) 减税政策

减税政策,主要是针对纳税人和征税对象实施的一项政策,是给予他们一定的鼓励和照顾的特殊规定,如减免纳税人或者征税对象应该实际缴纳的全部或部分税款,或者给出一定的返还比例,减轻纳税人或纳税对象的税收负担。减税政策主要是国家利用税收来调节经济的一种手段,通过税收的特殊功能,实现某些特殊地区、产业、企业和产品的发展,加强产业结构调整,实现社会经济的合理协调发展。减税政策主要的形式包含以下几种:税基式减免、税率式减免和税额式减免。减税政策涉及的具体税种主要包括所得税、流转税、消费税等,不同类型税收减免可以产生不同的经济效应。

鉴于此,本书所研究的西部大开发区域减税政策主要是针对企业所得税而言,尤其是针对特定企业名录中的企业才能够享受到的减税政策。

（三）区域减税政策

区域减税政策在本质上是一种区域政策，是一种以减税作为政策工具而落实到某一地区，并以该地区为载体的区域政策。因此，具体化到某一个区域的减税政策，我们称之为区域减税政策。

通常而言，区域政策是一系列政策措施的组合，政策内容通常包括减税、转移支付、基础设施建设等。以西部大开发政策为例，其内容比较丰富，但本书选取的是减税政策这一细分类型的政策，对其进行作用效果考察。这也有助于厘清不同政策工具的实施效果。如图1.1所示为区域政策与产业发展政策之间的关系，两者有一定的交叉，但实施过程中要么以地域为主体，要么以产业为主体进行落地。

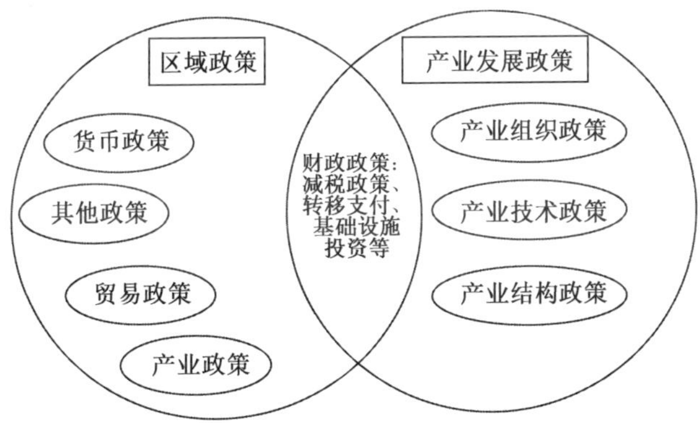

图 1.1　区域政策与产业发展政策的关系示意图

西部大开发区域减税政策涉及的省、市、区主要包括重庆市、四川省、贵州省、云南省、西藏自治区、陕西省、甘肃省、宁夏回族自治区、青海省、新疆维吾尔自治区、内蒙古自治区和广西壮族自治区（上述地区以下统称“西部地区”）。湖南省湘西土家族苗族自治州、湖北省恩施土家族苗族自治州、吉林省延边朝鲜族自治州，可以比照西部地区的税收优惠政策执行。其主要内容有如下几条：

1.针对国家鼓励政策类相关产业目录内的企业，自2001年起的10年内，减按15%的税率征收企业所得税。

2.经省级人民政府批准，内外资企业可以分别定期减征或免征企业所得税。但是针对中央企业所得税减免工作流程需根据现有法规进行具体操作。

3.针对西部地区在新办交通、广播电视等领域新进入企业，其主营业务收入占比达到70%以上的内资企业,可以享受前两年免征企业所得税,之后三年减半;而主营业务收入占比达到70%以上的外资企业,凡经营年限超出10年,自从其开始获取经济利润开始,对其征税实施细则参照本土企业实施。

4.针对西部地区内资或外商投资鼓励类产业及优势产业项目,《国内投资项目不予免税的进口商品目录(2000年修订)》和《外商投资项目不予免税的进口商品目录》规定的商品类型除外,凡是在企业投资总额内进口购买的自用设备一律免征关税和进口环节增值税。外资企业具体实施按照《中西部地区外商投资优势产业目录》(第18号令)执行。

二、相关理论基础

本书研究的主要问题是区域减税政策对企业生产率的影响,构建相关数理模型的理论基础是内生经济增长理论、异质性企业理论、新经济地理理论和新新经济地理理论。本书进行拓展的垄断竞争模型和新经济地理模型分别融合了异质性企业理论的内生经济增长模型和新经济地理模型。

(一)内生经济增长理论

内生经济增长理论提出技术进步是经济增长的决定因素,认为经济维持高速增长的最终动力源是技术进步。从某种意义上说,内生经济增长理论放松假设条件,并将储蓄率、技术进步和劳动力供给进行内生。内生储蓄率是资本积累速度和资本供给速度的内在决定因素,因此可以在模型中定量解释经济增长的投入要素(资本)。内生劳动力供给可以通过迁移、生殖选择和劳动与闲暇的选择融入新古典模型。将技术进步引入模型框架中分析,消除新古典增长模型出现规模报酬递减的现象假设。

内生经济增长模型包含两个特定的研究原则。第一个是罗默和卢卡斯等解释了经济报酬递增的概念,以及整体经济的增长和技术外部性的增加。代表模型包括罗默提出的知识溢出模型以及卢卡斯提出的人力资本模型。第二个是通过持续的资本积累来解释经济的内生增长,代表模型是Jones－truno模型。内生经济增长模型在完全竞争条件下也存在一些缺点。一方面,完全竞争下的假设过于严格,降低了模型适用性。另一方面,完全竞争假设不能描述技术商品的特征，制造非竞争性和部分排他性，逻辑上与某些增长模型相矛盾。

具体而言，Romer 所考虑的技术进步是中间产品的扩展。Young 提出了干中学模式，因此，技术进步也可能存在对发展的约束行为。Young 提出的中间和最终产品的内源性增长模型是基于替代互补中间产品的数量。Oritigueira 提出内生经济增长模型是由人力资本驱动，随着引进休闲，效用函数不再单调，导致了多个平衡的存在，形成不稳定增长路径。Jones 和 Dinpoulos 深入探讨了经济增长模式的规模效应。他们认为内生经济增长理论存在规模效应，但这样的规模效应缺乏实际的经验实证支持，改变基本模型的长期性，有一种可能，即从内源性增长变为外源性增长。Li 通过两个研发部门(即新产品研发中的质量改进的增加与开发部门产品品种的研究和开发模型）建立了增长的内生性模型，在他的模型中，内生性增长的要求越来越苛刻(即不存在人口零增长)。引入技术创新、专业化和人力资本后，内生经济增长理论核心观点演化为：技术创新是经济增长的源泉，而分工水平和专业人力资本积累水平决定技术创新水平；政府实施的一些经济政策对一个国家的经济增长具有重要影响。

(二) 异质性企业理论

Helpman 和 Krugman 引入了一个新的产业组织理论分析方法，结合开放型经济模型，以不完全竞争和规模经济解释新的国际贸易现象。新贸易理论认为，相对利润的来源是一个国家企业的垄断优势和规模经济。

为进一步对国际贸易中的企业行为进行解释，异质性企业模型诞生了。Melitz 异质性企业模型理论的基础是 Krugman 等人提出的垄断竞争模型和动态产业模型。异质企业的模型假设为：有两个平等的国家，两个国家都有一个生产部门，一种生产要素为 L，贸易成本和沉默成本同时存在，人力资本通过不同的生产率来体现，公司分为三种不同的类型：X 型企业 (Export Firms)，D 型企业 (Domestic Firms) 和 N 型公司(Non-products)。其中，X 型企业的生产率最高、D 型企业中间、N 型企业最低。Melitz 通过动态分析方法，在一般均衡框架下扩大 Krugman 的垄断竞争贸易模型，在 Krugman 模型中加入了企业生产率异质性。研究得出，贸易自由化在异质性企业垄断竞争贸易格局中易导致企业再分配效应，从而提升整个经济的生产率水平。其中，X 型企业具有最高生产率，在国内外市场均有销售；D 型企业具有中等生产率，销售市场只分布在国内；N 型企业则因为较高的成本和较低的生产率被淘汰出市场。此外，Melitz 进一步在模型中考虑贸易自由化因素下的动态效应，认为生产率最高的 X 型企业在激烈的国际竞争下，能够进行不断的技术或产品创新，不断增加市场份额和扩大经济利润，并能不断增加工人工资，从而使生产要素和经济资源进一步集中，同时随着低生产率企业不断被淘汰，整个行业的效率会在国际贸易自由化作用下不断提升。

在此基础上，Helpman 等借助贸易引力模型对异质企业模型进行扩展，考虑企业异质性和固定贸易成本，将所有贸易摩擦对贸易流量的影响分为深度边际和广度边际两个部分。而 Bernard，Eaton，Jansen 和 Korturn 与 Melitz 异质性企业模型不同，采用 Bertrand 竞争构建异质企业贸易模型，扩展考虑企业异质性、不完全竞争和国家要素禀赋差异及产业要素密集度不同的替代模型，主要关注企业的生产率和出口之间的关系。

总而言之，异质性企业理论在新贸易理论和新经济地理理论的基础上对其自身的研究边界进行了深入拓展，使得宏观问题微观化，使其研究问题更加符合现实情况。本书的宏观垄断竞争框架和微观新新地理理论模型的核心思想都融合了异质性企业理论。

（三）新经济地理理论

新经济地理理论作为“新经济学”的第四次研究浪潮，是继新产业组织理论、新贸易理论、新增长理论后出现的，该理论在收益递增—不完全竞争模型构建的基础上重新考察空间经济结构及其变化过程，并特别强调了运用新构建的新经济地理理论模型对典型案例进行实证分析。

新经济地理理论研究内容大致分为两部分：经济活动的空间集聚和区域增长集聚的动力。该理论以收益递增为基础，依靠区域集聚中的“路径依赖”现象具体研究经济活动的空间集聚。此外，该理论还被进一步用来解释城市的增长动力机制。该理论研究的第二个主要内容是区域长期增长和空间集聚的关系，按照新经济地理学理论，资本外部性、劳动力转移、交通成本等会影响经济活动和财富的空间区域配置。

Krugman 最早提出的“中心－外围”模型是新经济地理理论的重要模型。该模型考察了外部条件相同的情况下，两个区域是如何在报酬递增、人口流动与运输成本交互作用下最终演变出不同的生产结构的。随后，出现的“国际专业化模型”也解释了一体化和集聚之间存在的非线性倒 U 型关系。

总体来讲，新经济地理理论要比新古典经济学更具有现实性。其在一般均衡框架中纳入了空间因素和厂商层面的报酬递增，通过利用 D－S 模型（迪克西特－斯蒂格利茨模型）与冰山成本结合，成功地解决了竞争性一般均衡和厂商层次报酬递增之间不兼容的问题。此外，新经济地理理论模型还将比较优势、外部性等问题内生化，进一步深化背景上的认知问题，进而解释没有先天差异的区域最终产生差异的原因。新经济地理理论中推导得出的外部经济，作为经济变化更为基本的参数，可视为一种可预测的方式变化。新经济地理理论的核心模型是非线性模型，揭示了经济活动空间模型的复杂性，并通过对不确定性的复杂理论进行深入研究，进一步构建多中心城市空间自组织模型，从而赋予该理论更多的现实意义。

（四）新新经济地理理论

新新经济地理理论是在新经济地理理论基础上通过将异质性企业融入其中发展而成的。该理论通过深入探讨个人和企业的“微观异质性”，揭示两个层面异质性的相互作用是如何影响集聚经济的存在性和作用强度的。该理论以垄断竞争和企业异质性为切入点，以规模经济和垄断竞争为假设条件，分析企业成本差异、效率差异等与经济集聚的关系，并更加重视居民和企业的个体异质性所产生的一般性空间行为。

该理论认为高成本企业在竞争激烈的核心区存活的可能性很小，最终会选择离开高集聚、高竞争性区域并迁移至竞争强度较低的边缘区，凭借区域间的贸易障碍来维持企业自身的市场份额。同时，成本差异下的异质性企业会选择布局在空间上相互分割的市场，并形成区域生产成本和市场规模的空间异质性特征。此外，高生产率企业会偏向于集聚，主要是因为这类企业可依靠较低的边际成本，凭借规模经济性占有较大的市场份额，并能够通过前、后向关联效应和学习效应等吸引别的企业集聚于此。而高生产率的企业更多的是分布在具有竞争优势的区域专门化分工部门的内部。竞争和区位补贴政策会促使高效率企业进入核心区，低效率企业分布在边缘区，进一步加剧空间经济的不均衡，很难完全实现区位补贴政策的目标。

新新经济地理理论突破了新经济地理学中企业和居民的异质性对其微观区位决策的客观影响，以垄断竞争和企业异质性为假设条件，选择企业成本差异和效率差异作为切入点，分析企业异质性和集聚经济之间存在的内在关系，并认为区位选择效应和空间排列效应存在的重要的原因就是企业异质性及空间经济集聚和扩散的微观经济因素等。

三、区域减税政策影响企业生产率的研究

（一）区域政策与企业生产率的相关理论研究

区域政策与企业生产率的相关理论模型主要建立在新经济地理理论的基础之上，这类分析框架的主要研究内容是围绕集聚、企业生产率、区位选择以及外部区域政策冲击等展开的。类似地，本书所探讨的区域减税政策如何影响企业生产率也是基于不同生产率水平的企业对区域减税政策的敏感度不同，从而产生不同的政策效果。

首先，新经济地理理论中的数理模型更多的是基于Krugman提出的D－S模型和冰山成本等基本框架，主要研究影响经济行为聚散的因素和均衡结果。D－S模型具体考察了制造业在国民收入中的占比、差异产品的替代性及运输成本三个不同的因素是如何影响经济行为和集聚的。传统的新经济地理理论认为，区域经济差距的不断扩大是生产要素转移所带来的循环累积效应的结果，在新经济地理理论的众多模型中，FC模型（自由资本模型）因其较强的可操作性和显性解得到了最广泛的应用。沿袭了这一传统，使用FC模型研究新经济地理问题，例如，Baldwin和Okubo将企业异质性融入新经济地理理论的FC模型，研究企业区域选择和集聚是如何受企业异质性影响的，其认为区域规模越大，市场竞争越激烈，且企业生产率越高，企业生产的边际成本就越低，也就具有更强的市场竞争力，更易将企业布局在区域核心区，占领更多的市场份额；而生产率低下的企业则将厂址选择布局在区域边缘地区，尽可能地避免市场竞争，通过贸易成本等方式来维持其市场份额。

其次，众多学者对Baldwin和Okubo的研究进行拓展，得出许多新的结论。比如，Okubo构建了包含前后向联系的异质性企业模

型,该模型假设企业家可以自由流动,结果得出相反的结论:生产效率较低的企业会首先打破固有的对称均衡,实现分类集聚。Forslid等在Baldwin和Okubo模型基础上加入运输规模经济因素,构建了新的模型,发现高生产率和低生产率的企业会选择布局在边缘区,而具有中间生产率的企业则选择布局在区域核心区,形成这种局面的主要原因是,高生产率企业运输大量货物,规模经济效应会促使运输费用降低,运输成本的降低对于高生产率公司而言作用变弱,最终会促使企业分散布局,降低企业空间集聚。企业生产率的差异则会表现在"垂直"方向的差异化,导致企业空间的分散。

与新经济地理理论比较而言,生产率不同的企业会存在不同的主体选择行为,因而具有"双向迁移"的特征,导致空间结构的不同。相较于经济地理理论,新经济地理理论更加关注企业生产率等"质"的差异,具有"二重性"。此外,我们不难发现,不同的学者得出不同的研究结论,主要是经济运行的现实情况不同,不同的假设前提下企业异质性也会存在不同的影响。例如,FC模型可以分析两个国家的不同情况,而FE模型(自由企业家模型)则适用于一个国家内两个不同区域的经济状况。

最后,Ottaviano等还构建了基于拟线性二次函数的分析框架,并凭借其易操作性等优点获得了新经济地理学者的认可,并被不断地拓展研究。Venables和Ottaviano研究得出异质性企业分布会形成"高生产率企业－相对优势区位、低生产率企业－相对劣势区位"的空间结构,认为由核心区到边缘区,异质性企业的生产率呈现逐级递减的趋势。

针对某些具体的区域政策而言,研究者认为分类效应会产生比较明显的效果。绝大多数区域政策的实施目的是缩小不同区域间差距,将更多的企业迁至边缘区。然而在异质性企业条件下,各种生产补贴往往吸引的是低生产率企业,关键是这类企业的迁移成本较低,损耗较小。此时,就会引致这样一种情况:低生产率的企业位于城市的边缘区,而高生产率的企业则位于城市的核心区域。此外,也有学者对区域市场一体化政策、区域贸易自由化政策与企业生产率和区位选择的关系展开研究。如Okubo等通过研究市场一体化对不同生产率的企业区位选择的影响发现,本地市场效应有助于生产率较高的企业往核心区域集聚,生产率低的企业往边缘区域集聚,通过空间的距离隔离降低来自高生产率企业的竞争压力。随着市场化程度不断提升,高生产率企业在边缘区域销售的产品价格会不断降低,致使针对生产率较低的企业所形成的保护网不断遭受破坏,直至完全破坏后,市场接近效应将发挥主导作用,并迫使低生产率企业迁移至核心区域,进而形成完全集聚。此时,生产率差异和市场一体化程度在核心区和边缘区呈现倒U型关系。然而,Saito却在新经济地理理论模型基础上进一步拓展,研究区域贸易自由化对异质性企业的集聚作用,得出相反的结论,认为封闭经济条件下,高生产率企业更偏向于集聚,在开放经济条件下,更容易形成不完全集聚,企业会迁移出核心区,不断缩小国内福利差异,促进区域经济增长。

上述模型的梳理为我们更好地构建区域减税政策影响企业生产率的理论模型奠定了基础。基于此,本书从两方面进行了创新:一方面是以Hsieh和Klenow的垄断竞争框架为基础进行拓展,进一步放宽规模报酬不变的假设,在模型中加入减税政策这一影响因素,从数理模型层面证明了区域减税政策对全要素生产率的影响作用;另一方面是对Okubo,Martin,Rogers以及Ottaviano等的新经济地理模型进行微观层面的改进,以企业生产率异质性为研究视角,分析区域减税政策对不同生产率企业存在的不同作用效果。

(二)区域减税政策的经济效应研究

市场失灵的一个重要原因就是市场中信息不完全和不对称,这为政府进行干预提供了空间。Harrison和Rodríguez－Clare认为一些行业存在马歇尔外部性,因而需要政府加大对这些具有“潜在比较优势”行业的支持力度。Aghion等则认为能够保障竞争有序进行的政策会促进经济增长和效率提升。此外,在实证检验基础上,Glaeser,Gottlieb,Kline和Moretti进一步得出以下基本结论:空间干预政策实施之前,我们需要考虑工人在面对外部冲击时可能存在的反应,确保空间干预政策有良好总体产出效应的前提条件是目标实施区域的集聚弹性要明显高于产业原本所在区域集聚对生产力的弹性。Nunn和Trefler认为国家对本国内技能密集型行业实施的保护有助于促进本国产业的发展,这也与Grossman和Helpman的研究结论相一致。宋凌云和王贤彬通过选择地方政府重点区域政策实施效果,得出区域经济政策在总体上能够促进当地产业的生产率。

现有文献的研究主要集中在减税政策及补贴政策上。不少学者依据宏观公共财政理论将财政分权引入增长模型，进一步在消费者效用函数和企业生产函数中引入政府公共开支，尽管理论上更为先进，但是因其采用的效用函数和生产函数是 Arrow－Kurz－Barro 型，存在递减效应，这与现实相违背。此外，新经济地理理论研究也不能很好地区分税收的不同来源。

为了弥补上述缺陷，安虎森等在整合松脚型资本模型和区域补贴模型的基础上，以追踪支付资金的最终流向为主线，在差异化税率条件下，按照补贴企业、补贴劳动者及两者的组合三种情形，构建了新经济地理理论模型，研究财政转移支付对区域差距收敛的影响。研究得出：对于落后地区的补贴政策会缩小转移支付政策的实施效果，其中，补贴企业的政策会造成吸引投资和缩小区域差距两大目标的分离，不利于落后企业提升竞争力；补贴劳动的政策能够有效缩小区域差距，且该政策对差异化税率要求较低和操作性更强。更进一步，何文和安虎森通过细分国内各税种、内生化税收和财政支出并纳入财政分权与转移支付，构建了一个 $2\times3\times2$ 的新经济地理一般均衡模型，研究得出：税收政策缩小区域间差距存在明显效果，但是转移支付的作用则相对较小。基于企业异质性，为解释向中西部倾斜的大规模转移支付在缩小区域经济差距上收效甚微，叶金珍和安虎森首次将转移支付和腐败同时引入异质性新经济地理理论模型，分析发现，区域经济差距未见收敛，不是因为转移支付政策失效，而是存在干扰政策效应的因素，即异质性企业的自身利益驱动、东部在固定成本上的比较优势和局部地区官员腐败行为。

在税收政策的经济效应研究方面，比较有代表性的是 Davies 和 Eckel 构建的企业税收竞争模型，研究认为纳什均衡税率通常是无效率的，政府部门过度竞争易造成低税率和高工资，进而刺激更多的企业进入，使得公共物品供给不足。这就要求政府不能一味实施低税率，应该协调好具体税率，保证在吸引最优的企业数量与税收收入在私人和公共消费两者间有效分配方面实现双赢。Gilles 等研究了地方税收政策对企业营收增长的影响，在改进已有方法和模型的基础上，纠正了未观测到的企业异质性、未观测到的时间地点特殊效应和地方税收的内生性，运用英国制造业的数据实证检验发现地方税收政策对就业增长有负面影响，而对企业收入没有显著影响。Daniele 和 Robert 利用美国国有企业区政策的外生变化，估计了地理目标税收激励对当地经济增长若干维度的影响，研究结果为支持具体的政策建议提供了有效的实证证据。Pauline 等评估了法国区政府对经济活动的影响。这个公共资助的地方性计划相当于美国的企业区，主要措施是规定的免税期至少五年。Ritam 基于印度的税收激励方案，观察到由此引致的就业、总产出、固定资本等数量大幅增加，同时使用家庭调查数据发现工人的工资增加，但住房租金在控制区没有变化，总体认为这项政策增加了社会福利。

综上，已有研究关于区域减税政策的经济效应主要针对的是地区经济发展和福利的影响，以及其对区域协调发展的影响。新经济地理理论研究对于财税系统框架的设计相对简单，没能很好地区分税收的不同来源，也未能将税收来源和转移支付进行有效结合。无论是作用方向还是作用路径，不同类型政策带来的影响可能均不一样，忽视这一差异则无法更准确地获得区域政策影响的稳健估计结果。本书从新新经济地理学的理论框架出发，构建了区域减税政策影响企业生产率的数理框架，弥补了已有研究的缺陷。

（三）区域减税政策与企业生产率的相关研究

目前，很多学者非常重视政府减税和企业生产率的关系。一般认为，政府减税能够降低企业缴纳税额，降低企业生产成本，进而提高企业生产效率。企业的生产率提升之后企业的收益才会增加，从而能够实现企业规模的扩大，最终能够增加就业岗位，促进当地的经济发展。

本书研究的是区域减税政策对企业生产效率的影响，但现有文献中关于这一问题的研究很少，大部分文献研究的是税收政策对于不同生产率企业的迁移问题的影响。比如，Baldwin 和 Okubo 在税收模型中考虑到了企业的生产率异质性，认为生产率高的企业对税收的变动更加敏感，当实行较高的税收政策后，那些生产率高的企业会率先从该地区迁移出去，迁移到临近地区，从而留在该地区的都是那些生产率低的企业，最终会造成该地区的平均生产率降低，而附近地区的平均生产率升高。为了提高地区的生产率水平，该地区会实行减税政策，留住那些生产率高的企业。Syverson 发现那些生产率低的企业本来竞争实力就弱，当地区政府增加税收时它们更加想要迁移出去。同样的结论也出现在 Asplund，Nocke，Gatto 和 Foster 等的文献中。

Okubo 和 Tomiura 使用 1970—1990 年的企业数据研究了日本的区域政策对企业迁移的影响，得到的结论是：边缘区和核心区生产率差异不断扩大是吸引低生产率企业流入边缘区域导致的。该篇文献中的结论也验证了 Baldwin 和 Okubo 的观点，即区域产业转移政策是有效果的。很多学者对区域政策是如何对具有不同生产率水平的企业产生影响的这一事件感兴趣，比如，Baldwin 和 Okubo 认为企业的选择效应和集聚效应在其中发挥了重要的作用，这一观点能够很好地解释“大城市的企业具有较高的生产率”这一客观事实。一方面，大型城市因为方便的交通、大量的人才、良好的硬件设施等原因，会吸引很多的企业进入，这些企业之间的信息交流会带来技术溢出，进而提高企业生产率。另一方面，选择效应是指大城市中存在着激烈的竞争，这种激烈的竞争会将那些效率低的企业淘汰出去，从而留在市场上的都是生产率高的企业。现有的相关文献也证实了这一理论观点，比如，Combes 等构建了一个企业聚集和企业选择模型，实证结果表明，企业集聚效应会提升所有企业的生产效率，促进生产函数整体向右移动；但是，企业选择效应则主要是将生产率较高的企业留下，从而将生产率低的企业排除。并且这篇文献以法国为例进行相应研究，研究结果发现，企业的选择效应在市场一体化程度较低的城市发挥的作用较大，而在市场一体化程度较高的城市发挥的作用不明显。国内的一些学者也对这一问题展开了细致研究，比如，梁琦等利用工企数据库，通过对微观企业的考察，发现我国目前存在普遍的企业空间选择效应，并导致各个地区生产率不同，进而导致我国的市场化程度较低。

在以上学者针对企业选择效应对于区域生产率的影响方面，Baldwin 和 Okubo 指出企业选择效应的存在使得之前的文献夸大了企业集聚效应对于区域经济的影响。王永进和张国峰认为良好的区域政策有助于企业集聚效应的形成，因为这些良好的区域政策为企业提供了良好的政策支持、人才引进、更高质量的投资，从而能够吸引更多的企业进入该区域。Syverson 使用分位数法来估计企业的选择效应，发现具有更明显选择效应的中心区域的生产率往往比周边区域的生产率更高。Arimoto 等对日本某些行业进行分析，发现企业选择效应和企业集聚效应都能够增加该区域的生产率水平。Saito 对智利的企业进行分析，分析结果表明，那些具有高生产率的企业在选择进入哪个区域方面具有更强的主动权，一般认为，高生产率企业更容易进入那些硬件设施好、政策制度完善的大城市，并且对于这些高生产率企业来说，企业选择效应大于企业集聚效应。Gatto等对意大利企业数据的分析结论和 Syverson 对于美国企业数据的分析结论一致，都认为企业选择效应和企业集聚效应是造成各个地区之间生产率差异的原因，只不过这两种效应同时存在时会有主次之分。

市场上现存的企业自身的注册资金、发展方向以及员工人数等都不一样，因此企业之间存在异质性，正是这种异质性的存在使得企业具有主动的选择效应。在分析过程中考虑到企业异质性的存在，会使我们使用的模型更加具有合理性、更加具有现实意义，这也是目前研究的主流方法。我们对现有研究区域政策和企业生产率的文献进行搜集和整理，结果发现，直接研究区域政策和企业生产率的文献很少，大部分文献还是以研究区域政策和企业行为的关系为主。但这些文献给我们以后的研究提供了可以借鉴的地方和有意义的启示。区域政策还会通过影响企业创新行为来最终影响企业生产效率，比如，区域政策的支持一方面使得企业更加容易得到来自政府的优惠政策，例如政府补贴、税收减免（随洪光，2017）等，这样就能够使这些企业有更多的资金进行创新活动，另一方面能够为企业提供良好的竞争环境，企业提升自身竞争力是企业存活于激烈市场竞争的关键，而自身竞争力的提高依赖于企业创新能力的不断提升。

最后回归到本书的研究主题，本书要研究的问题是区域减税政策对于企业生产率所产生的影响。前文也概述了不同类型的政策工具可能会产生不同的政策效果，而具体到本书所研究的区域减税政策，早期文献多集中在减税政策如何影响宏观经济增长方面，而近年来，越来越多的文献利用企业层面数据来分析减税政策背后的微观经济效应，主要包括减税政策对于企业投资、劳动力需求、企业选址行为等方面的影响。然而，已有文献更多的是考察减税政策对于企业单一层面的影响，尚未有对区域减税政策如何影响企业生产效率的研究，更缺乏考察减税政策的长期效应和异质性效果的文献。在此基础上，本书拓展的区域减税政策影响企业生产率的研究内容可以从区域政策细分类型的角度对其作用机制、政策效应等问题给出理论化和实证化的分析，更进一步地考察区域减税政策对不同行业、不同所有制、不同规模、不同生产效率的企业产生的异质性效果，以及政策的时间动态效应等。

四、西部大开发区域政策的研究

自西部大开发政策实施以来，学术界一直关注其实施效果。已有文献聚焦于讨论西部大开发政策对地区经济增长及东西部经济发展差距的影响。比较有代表性的结论是，西部大开发政策在基础设施和环境建设方面取得了较大成效，而在吸引民间投资、软环境建设和对外开放等方面仍然进展缓慢；同时，西部大开发政策促进了经济增长的速度，但没有缩小西部地区和东部地区经济发展的差距。更具体的，一方面，西部大开发政策促进经济增长主要通过大量的实物资本特别是基础设施投资实现的，而西部地区的教育发展、科技进步及软环境没有明显改善，这样导致西部地区的经济增长质量（区域TFP）未能有效提升；另一方面，西部大开发政策没有显著推动西部地区GDP及其人均GDP的快速增长，西部大开发过程中存在着“政策陷阱”，在既有体制激励下，中央政府和地方政府都过度集中于固定资产投资和资源能源开发，出现了资源诅咒效应，而忽视了体制改革和软环境建设，导致西部大开发的政策效应没有得到有效发挥。

其实，近年来随着西部大开发政策的实施，对于西部大开发的研究成为热点问题，吸引很多学者进行了深入研究。很多学者从不同的方面来分析西部大开发的实施效果。例如，彭曦和陈仲常构建了一个综合的发展水平评价体系，该评价体系包含了社会、经济、教育水平、对外开放程度和环境保护这五个大类的相关指标，并对评级得到的结果进行排序，结果发现，排名得到明显提升的省份（自治区、直辖市）有重庆、陕西、四川和内蒙古，与中东部地区发展差距越拉越大的省份（自治区、直辖市）有新疆、宁夏和青海，其他省份在排名方面和实施西部大开发战略政策之前的变动差不多。陈太明的创新点在于，构建评价西部大开发政策福利效应模型的过程中，同时考虑到了经济增长和发展稳定这两个因素，研究结果发现：从经济增长方面来看，所有省份（自治区、直辖市）城乡居民平均福利收益都得到了提升，具体表现为城乡居民平均福利收益为城乡人均消费的15.21%和32.15%；从发展稳定方面来看，所有城镇居民福利都得到了提升,但是所有农民福利都有所降低。谭周令和程豹将西部大开发政策产生的效果分为整体和各个省份来看,结果发现,西部大开发政策的实施对于西部地区整体的经济发展影响效果不显著,但是如果具体到各个省份的话,每个省份的效果显著,比如,该政策对于内蒙古、重庆、陕西、青海和宁夏地区经济发展产生显著的促进作用,并且对广西、云南和新疆地区经济发展也产生了显著的影响。

很多学者也对西部大开发可能带来的环境问题进行了分析,比如,尹传斌等利用 SBM 模型(数据包络分析模型)测算了 2000—2014 年西部大开发以来的环境效率,测算结果发现:西部地区的环境效率是低的,基本上呈现出无效的态势。西部地区在追求经济增长的过程中忽视了环境保护的重要性,总体上来看,西部地区的环境效率先上升后下降最后趋于平稳。并且,西部地区的环境效率不仅低于东部发达省份的环境效率,而且也低于中部地区的环境发展效率。具体来看,西部地区内部所有省份之间的环境效率差距先缩小后扩大,西部地区省份和东部地区省份之间的环境效率差距越来越大,西部地区和中部地区之间的环境效率的差距先扩大再减小。尹传斌等还利用 Tobit 模型进行面板回归,对影响西部地区环境效率的因素进行实证分析,结果表明:经济发展水平、教育文化水平、能源消费结构、对环境保护的重视程度都会显著影响到西部地区的环境效率;产业结构变化和对外开放程度不会对西部地区的环境效率产生显著影响。更进一步地,张成等为了研究环境污染产生的影响,挑选了 10 个具有代表性的污染密集型产业部门,使用中国各省份 1990—2013 年的面板数据,运用双重差分法,对西部大开发的区域政策会不会导致污染避难所这一现象进行了分析,利用结构方程模型对西部大开发影响环境的机制进行了分解。结果表明,西部大开发战略的实施没有导致污染避难所。原因在于,西部大开发战略政策虽然会通过影响环境规制、公共保护环境的意识等因素来间接导致污染避难所效应的产生,但是,西部地区的劳动产出效率低,会阻碍污染避难所现象的产生。随着西部大开发战略的推进和发展,西部地区和中、东部地区之间的劳动产出效率的差距可能会慢慢缩小,最后会使得西部地区之前较低的劳动产出效率不能够继续阻碍污染避难所现象的发生。

还有一些学者将不同的区域政策产生的效果进行横向对比，比如，董香书和肖翔运用1998—2007年中国的工业企业数据，将“西部大开发战略”“振兴东北老工业基地”和“中部崛起”这三个分别针对西部地区、东北地区和中部地区的政策产生的效果进行对比分析，研究结果发现，在提高劳动报酬方面，只有“西部大开发”战略对劳动报酬产生了显著的正向影响，而“振兴东北老工业基地”和“中部崛起”政策非但没有提升劳动报酬，相反，还减少了劳动报酬。王丽艳和马光荣对中国28个省份的县级层面统计数据进行分析，研究了财政转移支付对地区经济增长的影响，研究结果表明，财政转移支付对那些获得财政转移支付地区的GDP具有显著促进作用。郑佳佳利用双重差分法实证分析了西部大开发政策对当地碳排放绿色贡献度的影响和相应的机制，发现西部大开发政策对于我国西部地区的碳排放绿色贡献度具有显著的提升作用。袁航和朱承亮对西部大开发战略对于西部地区的产业结构升级和产业结构合理化进行分析，结果发现，西部大开发战略没能够实现西部地区的产业转型，即该项区域政策能够推进区域产业结构的合理化，但是没有促进区域产业结构的高级化。杜立钊运用1978—2015年的数据，采用DEA－Malmquist生产率指数法测算了西部地区整体和西部地区内部12个省份的全要素生产率变化趋势，并对全要素生产率进行分解，结果发现，西部大开发战略的实施并没有提高西部地区整体和各个省份内部的全要素生产率，相反，全要素生产率的增长速度还低于实行西部大开发之前的增长速度。

综上，关于西部大开发的研究相对较多，无论是整体的政策效果评估，还是从环境效率、产业结构等视角的分析，都得出了诸多有价值的研究结论。但已有文献鲜有从西部大开发一揽子区域政策工具中细分出减税政策的企业生产率效应，本书通过设计三重差分模型，区分识别出西部大开发一揽子政策中的区域性税收优惠政策的微观经济效应，为研究西部大开发政策的有效性提供了新的视角。

五、文献述评

梳理区域减税政策的经济效应以及其对企业生产率的影响效果，为本书总结区域减税政策影响企业生产率的作用机制奠定了基础，进一步梳理西部大开发的相关研究，证明了本书从企业生产率这一微观视角切入的新颖性。在文献梳理的过程中，本书也总结出已有文献存在的诸多不足之处，具体如下：

第一，考虑到中国区域政策实施的广泛性、持续性以及高成本性，准确地评估其实施效果在理论与实践上就变得至关重要。但现实情况是，学术界对于区域政策是否有效并没有统一的结论。具体到中国的区域政策实施效果，已有研究通常以个例的区域政策成功与否去验证其有效性，忽略了不同区域政策工具与不同现实环境的交互可能会产生不同的政策效果，缺乏以区域政策制定时的政策目标为导向，具体考察某一类政策工具的政策效果。

第二，已有实证研究考察各种区域政策、产业政策、开发区政策等的实施效果，多得出政策效果不显著或存在政府对地区经济发展的错误干预等结论。本书认为这可能在一定程度上存在误解，原因是对政策效果区分不到位导致的。例如，区域政策往往包含税收优惠、财政补贴、土地补贴、基础设施建设等一揽子计划，如何在实证上区分出每种优惠政策的不同经济效果是科学评估区域政策的前提。但鲜有研究者从区域政策细分类型的角度对区域减税政策影响企业生产效率的异质性作用机制、政策效应等问题给出理论化和实证化的解构，更缺乏考察区域减税政策对不同行业、不同所有制、不同规模、不同生产效率的企业产生的异质性效果以及政策的时间动态效应等经验研究。

第三，已有文献中并未有结合新经济地理理论考察区域减税政策如何作用于企业生产率的研究，更缺乏异质性分析。在理论研究方面，区域减税政策与企业生产效率存在何种数理关系、存在何种作用机制都是应当进一步拓展的研究；在实证方面，借助准自然实验进行区域减税政策效果评估的文献也并不多见，缺乏更加深入细致的研究。

第四，关于减税政策如何影响宏观经济增长的理论和实证研究成果已十分丰富，而近年来越来越多的文献利用企业层面数据来分析减税政策背后的微观经济效应。然而，已有文献更多的是考察减税政策对于企业单一层面的影响，尚未有对减税政策如何影响企业经营效率的研究，更缺乏考察减税政策的长期效应和异质性效果。

第五，关于西部大开发政策的研究也存在一些不足。首先，存在遗漏变量问题，即影响西部地区经济增长的因素较多，大部分研究都无法完全控制全部影响因素，从而获得西部大开发的政策净效应。虽然现有文献已使用倍差法、双重差分倾向得分匹配模型（PSM－DID）、断点回归等方法处理内生性问题，并不断优化政策评估的准确性，然而，由于西部地区与东部地区差异过大，导致很多估计方法的使用前提可能无法满足。其次，已有研究多得出经济总量和增长速度上升，而人力资本、教育等软环境建设效果较差的结论，这忽视了西部大开发政策的阶段性特征，政策制定之初即指出西部大开发前十年是以基础设施建设为重点的阶段，基础设施投资对经济的拉动作用必然会远超人力资本、教育等方面的作用。最后，鲜有文献关注到经济增长的源泉——企业生产率，缺乏从微观视角出发，运用企业层面数据通过企业生产率的变化考察西部大开发政策的影响作用，更少有对其单独的区域减税政策效应进行的讨论。

综上，已有文献多停留于西部大开发政策对宏观区域的影响，并未深入考察西部大开发政策是如何做到“落地”的微观效果。基于我国的制度背景，本书通过设计三重差分模型，区分识别出西部大开发一揽子政策中的区域性税收优惠政策的微观经济效应。本书首次从微观企业生产率层面出发考察一揽子政策中的减税政策效应，为西部大开发政策的局部效应评估提供了经验支撑。

第三节　研究内容与技术路线

一、研究内容

美国、东亚经济体等经济的快速增长都曾受益于某个特定时期的区域政策、产业政策等干预性政策，但同时也受到这类政策的制约。具体到中国的现实问题，中国政府多年来通过实施各种区域政策、产业政策等一直影响着经济发展的方向，准确地评估其实施效果在理论与实践上变得至关重要。更具体地，区域政策作为各类优惠政策的落脚地，是优惠政策的空间表现形式，但关于区分每种区域优惠政策不同经济效用的文献甚少，且鲜有研究者从区域政策细分类型的角度对区域减税政策影响企业生产效率的异质性作用机制、政策效应等问题给出理论化和实证化的解构，更缺乏从新新经济地理理论出发考察区域减税政策的异质性效果以及政策的时间动态效应等经验研究。

本书旨在针对中国现实问题，以西部大开发区域战略中的减税政策为载体，考察区域减税政策对微观企业生产效率是否有影响作用；在什么条件下作用效果显著；传导机制如何；结合新新经济地理理论，分析其异质性政策效果，并检验哪些因素会影响其作用效果。首先，区分不同类型区域政策的不同经济影响是科学制定区域发展政策的前提，通过考察区域减税政策，能够对未来区域政策制定的指向和路径产生一定启示作用。其次，本书总结出区域减税政策影响企业生产效率的机制路径，能够更加清晰地考量各个作用机制所发挥的效用。最后，本书融合了企业异质性的新新经济地理理论，为研究区域政策的微观效应和实施效果，提供了一个重要的新视角和新理论框架。

本书主要包括六部分内容，在总体上遵循“提出问题－分析问题－解决问题”和“经济现象－理论分析－实证分析－对策研究”的思路，本书具体内容安排如下：

第一章为提出问题、研究思路和研究框架部分，中国政府实施的区域经济政策对国家经济发展产生重要指导作用，而学术界对于不同类型区域政策是否有效、在什么条件下有效并没有统一的结论。而区分不同类型区域政策的不同经济影响是科学制定区域发展政策的前提。更具体地，区域政策作为各类优惠政策的落脚地，是优惠政策的空间表现形式，但关于区分每种区域优惠政策不同经济效用的文献甚少，且鲜有研究者从区域政策细分类型的角度对区域减税政策影响企业生产效率的异质性作用机制、政策效应等问题给出理论化和实证化的解构，更缺乏从新新经济地理理论出发考察区域减税政策对不同生产率、不同行业、不同所有制、不同规模的企业产生的异质性效果以及政策的时间动态效应等经验研究。

基于此，本书通过对现有文献的梳理和总结，进一步阐述了本书可能存在的创新点与不足之处，最终选择从微观企业生产率这一视角来考察区域减税政策的有效性和条件性，旨在针对中国现实问题，以西部大开发区域战略中的区域减税政策为载体，基于新新经济地理理论探讨其对企业生产率的实施效果和作用途径。

第二章为本书的理论研究部分。该部分在梳理文献综述的前提下，从区域减税政策影响企业生产率的数理模型和作用机制两方面分别对其进行理论分析。首先，从数理模型的角度入手，在垄断竞争框架下进行模型拓展，改进Hsieh和Klenow模型中关于规模报酬不变的假设，衡量区域减税政策对资源配置效率的影响程度，推演出区域减税政策与企业全要素生产率之间的数理关系。其次，通过引入区域减税政策对Okubo等的模型进行拓展，讨论该政策如何因企业异质性引致不同的实施效果，从而在理论层面推演出区域减税政策与企业生产率之间的数理关系。最后，该部分进一步总结区域减税政策影响企业生产率的作用机制，并在此基础上提出本书的研究假说。本书融合企业异质性的新新经济地理理论，为研究中国实现经济增长跨越进程中区域减税政策的微观效应和实施效果，提供了新视角和新框架。

第三章为西部大开发区域减税政策影响企业生产率的特征事实。通过直观的数据图表，分析区域减税政策的具体内容、政策文件等，测算企业全要素生产率，并进行统计分析。考察政策实施后是否进一步促进了当地企业生产率的提升；这一过程中是否存在行业之间的异质性效果；是否存在因企业所有制不同而产生异质性效果。

第四章为西部大开发区域减税政策影响企业生产率的实证检验。通过固定效应、双重差分法等计量方法进行实证分析，首先，检验区域减税政策在总体上是否降低了企业的实际税负；是否总体上促进了企业生产效率的提升。其次，检验区域减税政策对企业生产率的作用机制，对前文的研究假说进行验证。最后，选用更换指标计算方法、更换子样本、进行指标缩尾处理等方法验证结论的稳健性。

第五章为西部大开发区域减税政策对企业生产率的影响特征检验。通过固定效应、分位数检验、DID(双重差分法) 等计量方法进行实证分析，首先，考察西部大开发区域减税政策影响企业生产率的区域分布特征，通过核密度分布图、运用选择效应识别模型和分位数检验等方法实证分析西部大开发区域减税政策影响企业生产率的选择效应和学习效应，以及对不同生产率区间企业的不同作用效果，以验证新经济地理理论中所分析的高低生产率企业对减税政策的敏感性不同这一点。其次，对企业所在行业的特征进行检验，实证分析西部大开发区域减税政策对企业生产率的作用效果是否因行业的不同而产生不同效果。再次，从企业层面的特征出发，分析上述作用效应是否因企业的规模、所有制等因素而产生不同影响。最后，对西部大开发区域减税政策影响企业生产率的地区特征进行检验分析，一方面验证前文回归结论的稳健性，另一方面考察其作用效果是否因地区差异而存在不同特征。

第六章是区域政策、环境规制与企业生产率异质性。区域政策能够为企业生产经营提供优惠和支持，但受所在地环境规制强度的影响，其对企业生产率的提升却未必具有一致性。该章以西部大开发区域政策作为准自然实验，扩展异质性企业选择模型，使用三重差分和“无条件分布特征 — 参数对应”方法，重点关注政策对不同污染程度行业内的企业生产率的异质性效应。研究发现，西部大开发实施后，受西部地区宽松环境规制的影响，政策主要提振的是当地高污染类型企业的生产率，对其他企业生产率的改善效果不佳。通过对集聚效应和选择效应进行机制检验，可知随着政策执行，虽然西部地区所有行业相对集聚优势都有所上升，但高污染行业提升幅度更大，已形成显著优势；高污染行业在西部区域的选择效应较小，甚至存在吸引较低效率企业进入的倾向。

第七章是本书的结论和启示。对前文中的相关结论进行总结，针对文中实证结果，研究如何才能更好地实现区域间协调均衡发展及有效培育区域内部增长极问题。区域政策的制定既承担着宏观上平衡各个地区经济发展差距的使命，又承担着扶持区域内部经济增长动力源泉的任务。各个地区由于自然条件、经济发展现状等的不同，对区域减税政策的制定存在因地制宜的需求。因此，应当如何制定区域减税政策，使其达到预期的效果，其标准是什么？依据是什么？

二、技术路线

本书主要包括六部分内容，在总体上遵循“提出问题 — 分析问题 — 解决问题”和“经济现象 — 理论分析 — 实证分析 — 对策研究”的思路，现将主要内容和研究思路进行融合，绘制出技术路线图，如图1.2所示。

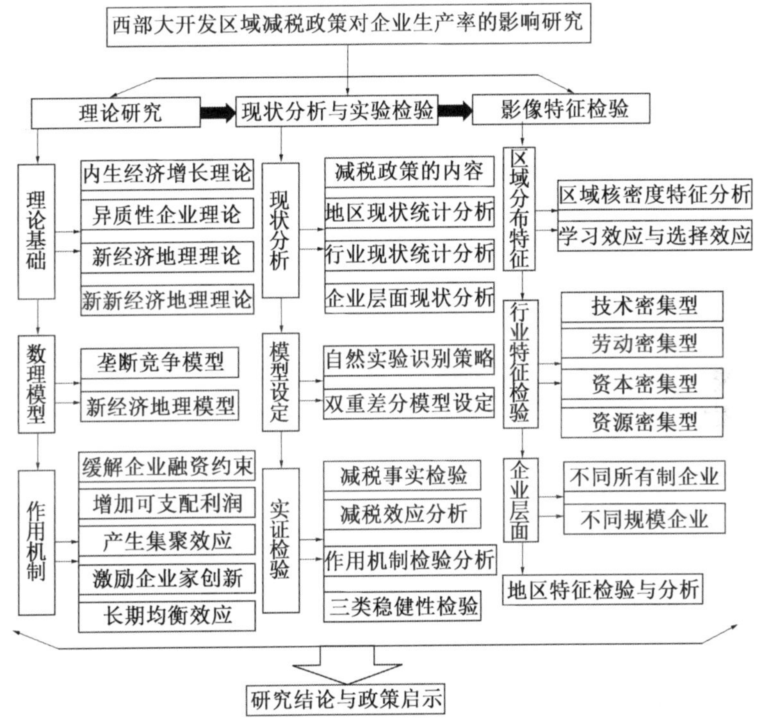

图 1.2　技术路线图

第四节　创新点与不足之处

一、本书的创新点

国内外直接研究区域减税政策如何影响企业生产率的文献较少，尤其是实证研究更加缺乏，另外，已有研究主要集中在区域政策是否提升或抑制了企业生产效率这一议题上。主要不足有：一是研究视角方面，缺少从新新经济地理企业异质性角度入手去讨论区域政策对微观企业生产效率的影响，也缺乏相应的作用机制分析；二是忽略了区域减税政策中区域二字的重要性，并未从国家宏观视角考察区域减税政策对形成产业集聚的作用，却质疑相应发展战略的有效性；三是缺乏从数理方面证明区域减税政策和企业全要素生产率之间的关系；四是实证方法方面，已有关于区域政策影响企业生产效率的文献并未曾采用过西部大开发政策这类准自然实验方法来解决内生性问题；五是既有研究多选择单一指标来测度区域政策和企业全要素生产率，单一指标往往难以准确衡量现实经济状况，为了更好地弥补不足，本书在理论和实证方面均有创新，考虑区域减税政策对企业生产率影响更为全面。另外，本书也考虑了各种可能存在的内生性问题、地区差异等，使得实证结果更具信服力。

（一）理论研究创新：视角和数理模型

从理论研究层面来讲，鲜有研究者从区域政策细分类型的角度分析区域减税政策对企业生产效率的异质性作用机制、政策效应等问题。本书具体的理论创新体现在三方面：

第一，在Hsieh和Klenow基础上，对其模型进行拓展，放宽规模报酬不变的假设，并且加入减税政策影响因子，从数理模型的层面上证明了减税政策因子对全要素生产率的影响作用，这更多体现的是对区域内部企业的作用。

第二，从微观层面通过引入区域减税政策对Okubo等的模型进行拓展，讨论该政策如何因企业异质性引致不同的实施效果，这更多体现的是对区域外企业的作用。

第三，本书在已有文献的基础上，经过理论化、系统化的提炼，对区域减税政策影响企业生产率的作用机制进行总结，并在此基础上提出了相应的研究假说。

同时，本书从新经济地理理论视角出发，综合探究区域政策有效性和区域均衡发展问题，填补了区域减税政策对企业生产率异质性作用效果的相关研究空白。

（二）经验研究创新：准自然实验方法

从经验研究层面来讲，本书利用了中国规模最大的区域性减税政策（西部大开发区域减税政策）作为政策冲击的准自然实验。

本书使用西部大开发政策作为外生政策冲击的原因如下：首先，西部大开发属于中央政府层面制定的政策，对于企业来说属于外生的政策冲击。其次，减税力度和规模足够大，有利于研究识别，在2007年之前，我国企业所得税名义税率一般为33%，而西部地区享受的企业所得税优惠政策名义税率只有15%，这比一般的企业所得税名义税率低了54%。最后，西部大开发减税政策针对的是企业所得税，而企业所得税在中国的税收收入占比仅次于增值税，是十分重要的税种。并且相对于增值税而言，企业所得税的税基是对企业经营的所得进行征税，企业面临的税负转嫁能力较小，这个税种税负的变化会直接影响企业的现金流。

此外，使用DID的重要前提是处理组与控制组必须满足共同趋势假设。即如果不存在西部大开发政策，西部地区与其他地区经济增长随时间变化的变动趋势并不存在系统性差异，但无论是从经典的经济收敛理论还是西部地区与其他地区的经济发展现实来看，DID的这一假定都无法满足。

为了更加科学地设置控制组与对照组，本书创造性地选取西部大开发政策中西部省界分界线左右两侧的城市、县域，将工业企业数据库与边界的城市、县域进行匹配，筛选出边界线左右两侧的企业。本书通过研究省界边界线左右两侧的企业是否受到政策影响来进行减税政策效果识别。

二、本书的不足之处

本书在研究过程中，虽然在理论层面和实证层面上都有诸多创新点，但不可否认的是，也存在以下不足之处：

一是数据方面的不足，本书使用的工业企业数据库1998—2007年的微观企业层面数据，如果能有更长期限的数据，则可以对减税政策的长期效果进行观测和分析，或许可能得出更有价值的结论。这一点相信随着数据更加的全面，后续研究中应该会有所体现。

二是研究的微观层次还不够细致，本书虽然利用了微观企业数据库考察西部大开发区域减税政策对企业生产率的影响，但在地区层面上还不够微观。例如，后续研究中可以对某一地区的情况进行针对性挖掘，当地的特色产业或带动经济增长的某一类企业是否对减税政策存在差异性的反应，这些更加细致的研究可能会得出更加具有实践意义的结论。

三是政策内容的研究相对单一，未能将整体政策进行全部区分。本书的研究仅仅是针对减税政策对企业生产率的作用效果，后续想要进一步将西部大开发区域政策中的转移支付、基础设施建设等各类政策措施分别产生的影响作用进行进一步的细分研究。

四是一些干扰因素的排除还不够彻底，未能更加精准地估计出减税政策对企业生产率的作用效果，该作用可能存在一定程度的低估。主要原因是，西部大开发政策边界线右侧的企业并不享受西部大开发减税政策，但这些企业中可能会因为在当地的经济技术开发区或者高新技术产业开发区等园区内而享受部分税收减免政策。由于这些税收减免政策是各个地区根据自身情况而制定的，因此并不能一概而论，本书中未能做出详细的统计，后续研究中将对这一问题进行深入研究和探讨。

第二章　区域减税政策影响企业生产率的理论分析

本部分在梳理文献综述的前提下，从区域减税政策影响企业生产率的数理模型和作用机制两方面分别对其进行理论分析。首先，从数理模型的角度入手，在理论层面推演出区域减税政策与企业生产率之间的数理关系，以此来奠定本书的数理基础。其次，在已有文献的基础上，对区域减税政策影响企业生产率的作用机制进行总结，以期能够对本书的核心内容进行理论化、系统化的提炼，并提出了相应的研究假设。最后，本书融合了企业异质性的新经济地理理论，为研究中国实现经济发展跨越进程中区域减税政策的微观效应和实施效果，提供了一个重要的新视角和新理论框架。

第一节　数理模型

在特定的区域政策落实到某一地区时，从区域经济学的视角来讲，其通常会在两个方面作用于微观企业：一是对本区域企业存在作用；二是对其他区域的企业存在影响，这也就是所谓的政策的“空间效应”。因此，区域政策的实施效果是这两方面因素综合作用的结果。基于此，本书主要从区域内与区域内外之间两个层面来构建理论模型。首先，本书在Hsieh和Klenow垄断竞争模型的基础上对模型进一步拓展，将减税政策影响因子纳入模型，通过数理推导证明区域减税政策对全要素生产率存在作用，这种作用更主要体现在区域内部企业。此外，Okubo进一步引入Ottaviano垄断竞争线性模型和企业间的成本异质性，便于更好地分析描述企业分布均衡及所有的结构参数对企业的行为的影响，研究显示了位置选择是如何确定不同国家内部企业的数量和类型，作为异质性企业的选择机制的。本书通过研究异质性企业在不同的区域市场整合时所面临的不同区位选择发现，区域间的生产率在经济一体化不断增强的过程中呈现出先大后小的趋势。基于此，本书从微观层面通过引入区域减税政策对 Okubo 等的模型进行拓展，讨论该政策如何因企业异质性引致不同的实施效果，这更多体现的是对区域外企业的作用。

一、垄断竞争模型

首先，假设社会中某家庭消费一个代表性的厂商在完全竞争市场条件下生产的一篮子商品。社会上目前共存在 n 个行业，不同行业的产出作为代表性厂商的投入要素，行业 n 的产出为 Y_n，我们假设总体的社会生产函数符合 C－D 生产函数(柯布－道格拉斯生产函数)：

$$Y=\prod_{n=1}^{n}Y_n^{\theta_n} \tag{2.1}$$

其中，$\sum_{n=1}^{n}\theta_n=1$；θ_n 为投入要素 Y_n 的产出弹性。在成本最小化条件下，我们可进一步推导出：

$$P_nY_n=\theta_nPY \tag{2.2}$$

其中，$P\equiv\prod_{n=1}^{n}\left(\frac{P_n}{\theta_n}\right)^{\theta_n}$；$P$ 表示的是一篮子标准商品的价格；P_n 为行业 n 的产品价格。这里我们用最终产品作为计价物来表示其他中间产品的价格，设定 $P=1$。

对应的，针对不同行业中生产异质性产品的厂商，厂商 i 的产出为 Y_{ni}。行业 n 的总产出表示为一个 CES 生产函数(常值替代弹性生产函数)：

$$Y_n=\left(\sum_{i=1}^{M_n}Y_{ni}^{\frac{\sigma-1}{\sigma}}\right)^{\frac{\sigma}{\sigma-1}} \tag{2.3}$$

其中，M_n 表示行业 n 内的厂商数量；σ 表示替代弹性。那么厂商生产的 i 产品的反需求函数可表示为 $P_{ni}(Y_{ni})=P_n\left(\frac{Y_n}{Y_{ni}}\right)^{\frac{1}{\sigma}}$。

不同产生有着不同的生产效率，因此所面临的要素和产品价格也各不相同。厂商 i 的生产函数为

$$Y_{ni}=A_{ni}K_{ni}^{\alpha_s}L_{ni}^{\beta_n} \tag{2.4}$$

其中，A_{ni} 表示行业 n 中厂商 i 的生产率；K_{ni} 表示行业 n 中厂商 i 的资本投入；L_{ni} 表示行业 n 中厂商 i 的劳动投入；α_n 和 β_n 分别表示行业 n

的资本和劳动的产出弹性。这里我们并不做规模报酬不变的假设(即 α_n 和 β_n 之和可以不为 1)。

此模型涉及资本和劳动两种生产要素,两种生产要素都会受到区域政策的影响而产生变化,影响资本要素的政策因子为 $\tau_{K,ni}$,影响劳动要素的政策因子为 $\tau_{L,ni}$,本书认为所有的政策性因素所导致的厂商的生产经营变化必将全部反应在生产要素的投入和使用效率上。当实施区域政策时,不同厂商因行业、规模、企业所有制等因素的不同而将面临不同的政策约束,即劳动和资本要素会受到区域政策的影响偏离市场完全竞争时的均衡值或引起生产要素的边际产出价值变化。例如,中央政府在 2000 年实施了西部大开发政策,给予了西部地区一系列的减税政策,有关文件规定自 2001 开始的 10 年内,西部地区的内外资企业按减 15% 的税率进行企业所得税的征收,这在一定程度上能够缓解企业融资约束,降低企业融资成本,资本要素的政策因子 $\tau_{K,ni}$ 将下降。

结合上述对政策因子的描述和生产函数(2.4),企业的利润最大化问题可以写为

$$\max\{P_{ni}(Y_{ni})Y_{ni}-(1+\tau_{L,ni})wL_{ni}-(1+\tau_{K,ni})RK_{ni}\} \tag{2.5}$$

其中,w 和 R 分别表示单位劳动报酬和资本的租金率。假设没有区域产业政策的影响,全部厂商面临相同的劳动和资本价格,利润最大化条件下,厂商的定价公式表示为

$$P_{ni}=(P_nY_n^{\frac{1}{\sigma}})^{\frac{\sigma T_n}{\sigma-1}[1-(\alpha_n+\beta_n)]}\cdot \left[\left(\frac{\sigma}{\sigma-1}\right)^{(\alpha_n+\beta_n)}\left(\frac{\alpha_n}{R}\right)^{\alpha_n}\left(\frac{\beta_n}{w}\right)^{\beta_n}A_{ni}(1+\tau_{K,ni})^{-\alpha_n}(1+\tau_{L,ni})^{-\beta_n}\right]^{\frac{-T_n}{\sigma-1}} \tag{2.6}$$

其中,$T_n=\left[\frac{\sigma}{\sigma-1}-(\alpha_n+\beta_n)\right]^{-1}$。

此外,我们可以进一步推导出资本－劳动比率及它们的投入数量和产出数量:

$$\frac{K_{ni}}{L_{ni}}=\frac{\alpha_n}{\beta_n}\cdot\frac{w}{R}\cdot\frac{1+\tau_{L,ni}}{1+\tau_{K,ni}} \tag{2.7}$$

$$K_{ni}\propto\frac{1}{1+\tau_{K,ni}}[A_{ni}\cdot(1+\tau_{K,ni})^{-\alpha_n}\cdot(1+\tau_{L,ni})^{-\beta_n}]^{T_n} \tag{2.8}$$

$$L_{ni}\propto\frac{1}{1+\tau_{L,ni}}[A_{ni}\cdot(1+\tau_{K,ni})^{-\alpha_n}\cdot(1+\tau_{L,ni})^{-\beta_n}]^{T_n} \tag{2.9}$$

$$Y_{ni} \propto \left[A_{ni} \cdot (1+\tau_{K,ni})^{-\alpha_n} \cdot (1+\tau_{L,ni})^{-\beta_n}\right]^{\frac{\sigma Tn}{\sigma-1}} \tag{2.10}$$

通过上式我们不难发现，厂商的生产率和其所处外部政策环境是影响跨企业资本和劳动配置数量的主要因素。但是资本和劳动比率则与厂商所处外部政策环境无关。区域政策实施会影响厂商对资本和劳动要素的选择与配置效率，进而使得各个厂商之间的资本和劳动边际产出存在差异性。其中，劳动的边际产出价值是存在政策因子影响后的劳动与没有政策因子影响的单位劳动报酬的函数：

$$\mathrm{MRPL}_{ni} = \frac{\partial[P_{ni}(Y_{ni}) \cdot Y_{ni}]}{\partial L_{ni}} = w \cdot (1+\tau_{L,ni}) = \frac{\sigma-1}{\sigma}\frac{\beta_n P_{ni} Y_{ni}}{L_{ni}} \tag{2.11}$$

资本的边际产出价值是存在政策因子影响后的资本与没有政策因子影响的单位资本报酬的函数：

$$\mathrm{MRPK}_{ni} = \frac{\partial[P_{ni}(Y_{ni}) \cdot Y_{ni}]}{\partial K_{ni}} = R \cdot (1+\tau_{K,ni}) = \frac{\sigma-1}{\sigma}\frac{\alpha_n P_{ni} Y_{ni}}{K_{ni}} \tag{2.12}$$

为能够更好地说明区域政策和经济体中全要素生产率的作用关系，我们要进一步计算出跨行业的均衡要素需求。以资本要素为例：

$$K_n \equiv \sum_{i=1}^{M_n} K_{ni} = K \frac{\alpha_n \theta_n / \overline{\mathrm{MRPK}_n}}{\sum_{n'=1}^{n} \alpha_{n'} \theta_{n'} / \overline{\mathrm{MRPK}_{n'}}} \tag{2.13}$$

其中，$\overline{\mathrm{MRPK}_n} \propto \left(\sum_{i=1}^{M_n} \frac{1}{1+\tau_{K,ni}} \frac{P_{ni}Y_{ni}}{P_n Y_n}\right)^{-1}$；$L_n$、$K_n$ 为均衡需求下行业 n 的劳动投入和资本投入；$\mathrm{L} = \sum L_n$ 以及 $\mathrm{K} = \sum K_n$。另外，$\overline{\mathrm{MRPL}_n}$、$\overline{\mathrm{MRPK}_n}$ 分别表示行业 n 的平均劳动边际产出价值、平均资本边际产出价值。

具体地，$\overline{\mathrm{MRPK}_n} = R \cdot \left(\sum_{i=1}^{M_n} \frac{1}{1+\tau_{K,ni}} \frac{P_{ni}Y_{ni}}{P_n Y_n}\right)^{-1}$。

从式(2.13)中可以得出，行业的均衡需求在整个行业的平均劳动和资本边际产出不变时也是不变的。

每个行业的产出可以表示为行业的投入 L_n、K_n 和行业全要素生产率 TFP_n 的函数：$Y_n = \mathrm{TFP}_n K_n^{\alpha_n} L_n^{\beta_n}$。结合 MRPL 与 MPPK 的表达式，可以求得行业的 TFP，行业的 TFP 在不受区域政策影响时，可以进一步表示为

$$\mathrm{TFP}_n = \overline{A_n} = \left(\sum_{i=1}^{M_n} A_{ni}^{T_n}\right)^{\frac{1}{T_n}} \tag{2.14}$$

假设 TFPQ、MRPL、MRPK 服从联合对数正态分布，则：

$$\ln \mathrm{TFP}_n = \overline{A_n} - \frac{1}{2}\gamma T_n [\varphi_n \cdot Var(\ln \mathrm{MRPK}_{ni}) + \varphi_n \cdot Var(\ln \mathrm{MRPL}_{ni}) + 2\gamma\alpha_n\beta_n \cdot \mathrm{cov}(\ln \mathrm{MRPK}_{ni}, \ln \mathrm{MRPL}_{ni})] \tag{2.15}$$

其中，$\phi_n = \alpha_n \cdot \left(1 - \frac{\beta_n \cdot (\sigma - 1)}{\sigma}\right)$；$\varphi_n = \beta_n \cdot \left(1 - \frac{\alpha_n \cdot (\sigma - 1)}{\sigma}\right)$；$\gamma = \frac{\sigma - 1}{\sigma}$。假设不存在区域政策影响的情况下，不存在利润为负的行业，意味着 $\phi_n > 0$，$\varphi_n > 0$，$T_n > 0$。

因此，本章节对区域政策的政策因子影响区域内部企业全要素生产率间梳理关系做了理论推导，并进一步为下文构建实证模型奠定了基础。

二、新经济地理模型

近年来，中国市场化程度和改革开放程度不断加深，企业对于政策变化的敏感度也不断提升，通过对区域减税政策的不断贯彻实施，一方面提升了本地企业的经济活力，另一方面加强了不同地区企业的空间流动性，进而对该区域经济发展产生作用。不同生产率企业对于区域减税政策的作用是存在很大差异的，进而对政策实施效果也存在差异性。此时，新经济地理理论融合了企业异质性，为中国市场一体化进程中区域减税政策的微观效应和实施效果提供了新的研究视角和理论框架。因此，本书在 Okubo 等模型基础上进行拓展，加入了区域减税政策，探讨区域减税政策在企业异质性条件下的不同实施效果，进而为缩小区域差距、促进区域协调发展提供合理的政策建议。

本书设定的假设条件如下：一个经济体中存在两个区域($i=1,2$)和两种生产要素(K 和 L)及农业部门和制造业部门两个部门。假设农业部门内部存在规模收益不变和完全竞争，在不同的区域内部或区域间进行贸易时是不存在贸易成本的，每单位的产出就需要投入一单位的劳动。农产品价格和劳动者工资地区间无差异，同质产品的价格可标准化为 1，即 $p_1^z = p_2^z = 1$，两区域内的劳动者工资 $w_1 =$

$w_2=1$;制造业部门因为存在垄断竞争,生产较多的差异化产品,区域内贸易不存在贸易成本,区域间贸易时,每单位产品需要 $\tau(\tau>0)$ 单位贸易成本。

假定两区域均只使用劳动这一可变生产要素,生产 $(v+1)$ 种商品:完全同质的农产品和具有连续水平差异化的工业品(其种类为 v)。不失一般性,将两区域的总人口数标准化为 1,每人具有一单位劳动和一单位资本,两种要素的供给无弹性。

假定区域 $i=1$ 有较多人口,该地区人口份额 $\lambda\in(1/2,1)$,这表明消费者、劳动者和资本在本区域内的份额都是 λ。假设消费者不具有流动性,能够在其消费区域内提供劳动,但是资本具有完全流动性,同时两个区域间的要素禀赋、技术、偏好等则具有完全一致性。

(一) 消费者行为

我们假定消费者具有完全相同的偏好,并且同时消费农产品和工业品,则消费者的二次效用函数表示为

$$\max_{q_i(v),\ v\in[0,1];Z_i} U_i \equiv \alpha\int_0^1 q_i(v)\mathrm{d}v-\frac{\beta}{2}\int_0^1[q_i(v)]^2\mathrm{d}v-\frac{\gamma}{2}\left[\int_0^1 q_i(v)\mathrm{d}v\right]^2+Z_i \tag{2.16}$$

假定 i 区域的消费者面临的效用最大化问题及预算约束为

$$\text{s.t.}\int_0^1 p_i(v)q_i(v)\mathrm{d}v+p_i{}^zZ_i=y_i+p_i^z\overline{Z_0} \tag{2.17}$$

其中,$q_i(v)$ 和 $p_i(v)$ 分别是产品种类 v 在区域 i 的消费数量和消费价格;Z_i 和 p_i^z 分别是同质产品在区域 i 的消费量和消费价格。其中 y_i 是消费者收入。初始禀赋 $\overline{Z_0}>0$ 用以保证针对差异化产品的消费支出份额小于 1,并且此假定也符合消费者消费两种产品的偏好一致性。其中参数 $\alpha>0$ 表示对差异化产品偏好的强度,$\beta>0$ 表示对某种类产品的偏好强度,$\gamma>0$ 是对不同产品种类可替代性的测度。

由效用最大化时满足的一阶求导条件可知,区域 i 的消费者满足个体效用最大化时,对工业品的需求函数为

$$q_i(v)=a-(b+c)p_i(v)+cP_i$$

其中,$a=\dfrac{\alpha}{\beta+\gamma}$;$b=\dfrac{1}{\beta+\gamma}$;$c=\dfrac{\gamma}{\beta(\beta+\gamma)}$;$P_i$ 是区域 i 的消费者价格指数,表示为 $P_i=\int_0^1 p_i(v)\mathrm{d}v$。

(二)生产者行为

在存在规模经济条件下,制造业企业要想获取利润最大化,就需要只生产差异化产品中的一种而非重复生产,这就要求企业数量和企业生产产品种类之间存在一一对应的关系。鉴于本书主要是研究区域减税政策对异质性企业的空间选择影响,假设企业在不同区域存在定位选择倾向,受技术条件的限制,单个企业是不存在分厂的,只能保证一个工厂的盈利,这就导致企业不存在跨区域生产的可能性。每一个企业使用单位成本,用于雇用与其产出成比例的一定数量的员工。针对企业异质性主要表现在生产率差异上,假设低生产率企业生产一单位产品时需要一单位劳动投入,那么高生产率企业则需要更少的劳动投入,简化为 0,q 表示企业的产量,则低生产效率企业与高生产效率企业需要的劳动投入分别为

$$C_i^{le}(q)=mq,C_i^{he}(q)=0 \tag{2.18}$$

本书假设资本的分布及差异性企业在区域间的分布在短期内是固定的。假定 $0\leqslant N\leqslant 1$ 表示在区域 1 投资的资本总量,高生产效率企业与低生产效率企业的资本数量分别用 μ 和 $1-\mu(0\leqslant\mu\leqslant 1)$ 表示。企业 $\theta(\theta\in\theta(\text{le},\text{he}))$ 在区域 1 的份额为 $0\leqslant S_\theta\leqslant 1$。其中,he,le 分别表示高、低生产效率企业,从而,区域 1 投资的资本量是高生产效率企业的资本投入 $S_{he}\mu$ 和低生产效率企业资本投入 $S_{le}(1-\mu)$ 之和,即 $N=S_{he}\mu+S_{le}(1-\mu)$。

(三)区域减税政策

自 1999 年开始,中央开始实施西部大开发战略,同时加强产业转移政策的执行,保障区域协调发展,并采取了重点项目投资、财税支持等优惠政策协调区域发展。本书在对 Okubo 等基础模型基础上加入区域减税政策进行拓展,重点探讨针对落后地区吸引更多企业和资本流入而实施区域减税政策存在哪些微观效用及实施效果。

为更好更快落实国家关于西部大开发政策实施的相关意见和通知,西部大开发的税收优惠政策包括:针对国家鼓励政策类相关产业内部企业,自 2001 年起的 10 年内,减按 15% 的税率征收企业所得税;经省级人民政府批准,内外资企业可以分别定期减征或免征企业所得税或地方所得税。但是针对中央企业所得税减免工作流程需根

据现有法规进行具体操作；针对西部地区新办交通、广播电视等领域的新进入企业，其主营业务收入占比达到 70% 以上的内资企业，可以享受前两年免征企业所得税，之后三年减半；而主营业务收入占比达到 70% 以上的外资企业，凡经营年限超出 10 年的，自从其开始获取经济利润开始，对其征税实施细则参照本土企业实施；针对西部地区内资或外商投资鼓励类产业及优势产业项目，《国内投资项目不予免税的进口商品目录(2000 年修订)》和《外商投资项目不予免税的进口商品目录》规定的商品类型除外，凡是在企业投资总额内进口购买的自用设备一律免征关税和进口环节增值税。外资优势企业的具体实施按照《中西部地区外商投资优势产业目录》(第 18 号令)执行。

考虑到区域减税政策对企业产出的边际影响和对地区生产率的影响，本书进一步将西部大开发区域减税政策在模型中的体现进行简化，认为减税政策即是政府给企业减轻税收负担或者吸引企业迁移至本区域的一系列税收优惠政策，而在一定程度来讲，这类税收优惠和税收减免政策可以看作是企业将应该缴纳的税费上交之后，政府再对企业进行税收的返还，或者是通过现金等方式进行补贴。因此，我们将上述区域减税政策引致的税收返还或现金补贴定义为 s，表示区域减税政策实施减税力度大小。

(四)减税政策对于不同生产率企业的影响

位于区域 2 的企业收益函数可表示为

$$\pi_2^{he}=(1-\lambda)(p_{22}^{he}+s)q_{22}^{he}+\lambda(p_{21}^{he}-\tau+s)q_{21}^{he} \tag{2.19}$$

$$\pi_2^{le}=(1-\lambda)(p_{22}^{le}+s-m)q_{22}^{le}+\lambda(p_{21}^{le}-\tau+s)q_{21}^{le} \tag{2.20}$$

其中，p_{ji}^{θ} 表示位于区域 $j(j=1,2)$ 的企业 $\theta(\theta\in\theta(\mathrm{le},\mathrm{he}))$ 对于区域 $i(i=1,2)$ 的产品种类 v 设定的消费者价格；q_{ji}^{θ} 表示相应种类的消费数量。

假设全部企业的贸易是和企业跨区域的分布及跨区域类型不相关的，当高生产率企业全部进入区域 1 时，低生产率企业在区域 1 销售产品时同样能够获利。计算低生产率企业在区域 1 和区域 2 的收益差，并且进一步简化计算可知，该收益差与高生产率企业在区域 1 和区域 2 的收益差相等。

$$\Delta\pi^{le}(s_{le},s_{he},\lambda)=\pi_1^{le}-\pi_2^{le}$$
$$=\frac{1}{2}\left\{\left[a-(b+c)\left(m+\frac{\tau}{2}-\frac{s}{2}\right)\right][\lambda(\tau-s)-(1-\lambda)(s+\tau)]+\right.$$
$$\left.c[\lambda(\tau-s)P_1-(1-\lambda)(s+\tau)P_2]\right\}$$

$$\Delta\pi^{he}(s_{le},s_{he},\lambda)$$
$$=\pi_1^{he}-\pi_2^{he}$$
$$=\frac{1}{2}\left\{\left[a-(b+c)\left(\frac{\tau}{2}-\frac{s}{2}\right)\right][\lambda(\tau-s)-(1-\lambda)(s+\tau)]+\right.$$
$$\left.c[\lambda(\tau-s)P_1-(1-\lambda)(s+\tau)P_2]\right\}\tag{2.21}$$

其中，

$$\lambda(\tau-s)P_1-(1-\lambda)(s+\tau)P_2$$
$$=\frac{1}{2b+c}\{[\lambda(\tau-s)-(1-\lambda)(s+\tau)][a+m(b+c)(1-\mu)]+$$
$$[\lambda(\tau-s)^2+(1-\lambda)s(s+\tau)](b+c)\}-$$
$$\frac{(b+c)[\lambda(\tau-s)^2+(1-\lambda)(s+\tau)^2]+[\mu s_{he}+(1-\mu)s_{le}]}{2b+c}$$

显而易见，$\Delta\pi^{le}(s_{le},s_{he},\lambda)<\Delta\pi^{he}(s_{le},s_{he},\lambda)\ \forall\ s_{le},s_{he},\lambda$，低生产率企业在欠发达地区享受的税收优惠政策对其迁移至本区域有着更大的诱惑力。在市场规模不对称程度较大时，高生产率企业更偏向于迁移至发达地区，低生产率企业更偏向于迁移至落后地区。

针对前文中的分析，低生产率企业因为定位于落后区域的机会成本比较小，当贸易成本比较高时，落后区域能够给予低生产率企业一定程度的逃避竞争的保护作用，这也导致落后区域的税收优惠政策对低生产率企业有着更大的吸引力。随着减税政策力度的不断提高，税收优惠能够补偿生产率较高的企业离开发达区域带来的损失时，落后区域才能逐渐地吸引到生产率水平较高的企业，最终不断缩小地区之间的生产率差异。

推论 1：落后区域实施税收优惠政策，随着优惠力度不断增大，落后区域会优先吸引一批低生产率企业进入，提升本地区的经济产出水平，尽管可能会对地区生产率水平产生一定促进作用，但是会拉大落后区域和发达区域间的生产率水平差异。

推论 2:当落后区域的税收优惠政策力度增大到一定程度时,落后区域开始能够吸引高生产率企业进入,这就会缩小地区之间的生产率差异水平,同时也提高了本地区的产出水平,并进一步缩小区域间的经济差距。

推论 3:长期来讲,随着市场一体化程度的提高、要素市场的流动性更强,贸易成本将逐步降低,落后区域吸引企业进入所需的税收优惠水平下降,当发生贸易成本的大幅度下降时,落后区域甚至能够以较低的减税水平吸引到高生产效率的企业,进而缩小区域间的地区差距和地区生产率差距。

推论 4:当某一地区实施减税政策后,企业将在减税区域形成集聚,但企业集聚于该减税区域对地区生产率产生影响可能通过两种效应,即学习效应和选择效应。前者指的是集聚产生正向溢出会提高企业生产率,后者指的是该地区可能会吸引具有某些特质的高效率的企业,因此,本书认为区域减税政策对地区企业生产率分布的影响是上述两种效应的综合体现。

随着税收优惠政策的实施,落后区域加大减税力度吸引相对发达地区的企业进入或刺激本地企业家投资建厂,这都能够促进地区的产出,并且达到吸引企业进驻的目的。但进驻的企业生产率与企业自身的迁移成本、企业面临的市场规模等都有较大关系。具体到本书研究的西部大开发区域减税政策而言,减税政策的力度是相对固定的,则不存在随着减税政策力度不断增强而产生不同的效果,但不同生产率水平的企业对减税政策的敏感度不同。因此,减税政策对异质性生产率企业的作用效果是存在差异的。这也为之后的分析奠定了理论基础。

第二节　作用机制和研究假说

一、缓解企业融资约束

税收减免政策的结果不只是表面上政府的财政收入减少,而在于更深层面的企业留存收益的增加。Kleven 和 Waseem 认为政府征税的做法会给企业的生产经营活动带来一定的影响,并且税率越高这种影响越大。所以,当政府的征税税率降低时,企业生产成本降低，企业的生产效率提高。Moll 认为政府征收的税率降低会使得企业缴纳的税金减少，企业获得的利润可以有更多的部分留在企业内部，这样就会降低企业的融资压力。Myers 等认为企业面临的融资约束越强，就越不容易获得外部融资，即使在能够获得外部融资的情况下，获得外部资金的成本也是巨大的。企业的创新活动能够带来全要素生产率的提升，但是创新活动在短期内是无法发挥巨大作用的，创新活动需要源源不断的资金投入，当企业面临融资约束时，企业的创新活动很难继续，企业的生产率也就难以得到提升。所以，当企业面临严重的融资约束时，企业就很难通过创新活动来提高全要素生产率。

当创新活动因为资金问题而发生中断时，会造成科技研发人员的流失，而科技研发人员掌握着企业的核心机密和最新的前沿知识，科技研发人员的离职也会带走这些研发成果，给企业带来的伤害是巨大的，从而极大地阻碍了企业全要素生产率的提升。Gatti 和 Love 在实证方面研究了融资约束对生产率的阻碍作用，通过对保加利亚企业进行分析发现，越容易获得信贷支持的企业的全要素生产率越高。Nickell 和 Nicolitsas 利用现金流利息保障倍数表示企业面临的融资压力，结果发现，企业面临的融资压力越小，越有利于生产率的提升。Badia 和 Slootmaekers 对爱沙尼亚这个国家进行分析，结果发现：刚建立的企业和负债率高的企业面临的融资约束问题比那些成熟的大型企业面临的融资约束问题更加严峻。Ayyagari 等以中国企业为例进行研究，结果发现，正规金融机构提供给企业的资金支持有利于企业生产率的提高。何光辉和杨咸月使用附加融资约束变量的增广生产函数和系统广义矩估计方法，对中国制造业上市企业进行研究发现，民营企业面临的融资约束更严重，融资约束阻碍了其生产率的提升。可见，融资约束是阻碍企业生产率平稳增长的重要因素。

减税政策的实施会使企业缴纳的税收减少，能够减少企业面临的税收压力，从而使得留在企业内部的利润增加，企业有更多的资金从事前沿的研发工作，最终使得企业的生产率得到提高。政府实施减税政策的目的也就在于减轻企业压力、支持企业发展，最终提高企业的生产率。其中具体作用机制可以总结为两个方面。第一，减轻运营资金短缺的影响。一般情况下，企业根据利润最大化原理来进行自己的投资活动，当企业可用于研发投入的资金不足时，企业的研发活动就会受到阻碍或者是最终终止，但是当政府实行减税政策后，企业面临的融资约束就会降低，企业从事经营活动获得的资金就能够有更多的部分留在企业内部以供企业的研发投入，从而企业的技术创新水平得到提升，最终使得企业的全要素生产率水平得到提升。第二，政府的减税政策会导致研发投资的增加，这是因为政府的减税政策不仅能够给企业的创新活动带来资金支持，而且能够给企业创新活动的进行提供良好的政策环境。

政府减税政策的实施能够起到增加研发投入的作用，但是也会存在替代效应和挤出效应。替代效应是指企业用减免掉的税收代替了自己在某一方面的研发投入，虽然实施了减税政策，但是减税政策并没有使得研发投入增加。对于挤出效应而言，Leahy 和 Neary 给出了比较详细的解释，他认为挤出效应是指当政府实施减税政策后，市场上进行研发活动的企业数量在增加，企业进行研发活动所需要的要素投入增加，这使得市场上的要素价格上涨，最终使得企业的研发成本提高，从而使得进行研发活动的企业数量减少。白俊红，李婧，解维敏，Gonzalez，Pazo，Sissoko 一致认为虽然替代效应和挤出效应会对企业的研发活动带来消极影响，但是政府减税发挥的积极影响远远大于这些消极影响，从而在整体上看来，政府减税的政策有利于企业全要素生产率的提升。

通过上面的分析，我们可以看出，企业进行研发创新活动能够显著地提升企业的生产率，但是企业的研发活动也会存在投入资金金额巨大和风险较大的不利条件。因此企业在进行研发创新活动时要结合自身的实际情况，考虑到方方面面的问题，判断企业能够承担的最大的风险是否在可以接受的范围内，提前计算出企业从研发成果中可以获得的利润，这样才能够保证做出正确的研发决策。国内学者陈诗一和陈登科认为政府减税的区域政策能够增加企业的可支配利润，进而增加企业的研发投入，最终提高企业的全要素生产率。实际上，政府实施减税的优惠政策能够减轻企业的税收负担，降低企业的生产成本，增加企业从事研发活动的积极性，创新活动具有的技术溢出效应能够降低生产的边际成本，最终提高企业的生产率水平（刘廷华，2021）。

在市场上也存在着这样一些企业，当政府的减税政策缓解了企业面临的融资约束后，这些企业也不会将增加的可支配收入用于研发投入。这些企业要么是大型企业，它们本身面临的融资约束条件就很弱，因此政府是否减税对它们的经营活动影响效果不明显；要么则是重视短期利益的企业，这些企业更加愿意将节省下来的资金用于股东的分红，而不是用作研发投资。

基于此，本书提出如下研究假设：

研究假设1：区域减税政策能够缓解企业面临的融资约束，使企业有更多的资金用于研发活动的投入，从而达到提升企业全要素生产率的作用。但由于企业的“短视”行为，也可能对企业研发投入起不到相应作用。

二、增加企业可支配利润

减税政策一般都是由法律法规明文规定，政府机构不参与挑选哪家企业享受优惠，哪家企业不享受，从这个层面而言，减税政策是能够使得市场机制更加有效运行的，优于政府投资等带有政府决策性质的财政政策。实施区域减税政策的最直接效应是，享受政策的企业相当于增加了可支配利润。而可支配利润的增加能够促使企业加大研发投入、进行人力资本培养、增强员工培训、更新机器设备等，进而使得企业的营运效率得以提升。

第一，Lucas和Caselli等认同新经济增长理论的观点，认为技术进步是内生的，而人力资本对于技术进步的提升作用是巨大的，人力资本也是企业经济增长的技术源泉。朱平芳等运用上海市上市公司的企业数据发现，那些拥有丰富人力资本的企业的生产率更高。孙文杰等也强调了人力资本的重要性，认为只有那些人力资本水平达到一定程度的企业才能够从政府税收减免的优惠政策中获利，才能够实现自身全要素生产率的提高。王争等则通过对经济普查数据的分析，提出私营企业内部人力资本的不同导致了企业生产率的不同。于红霞等对中国制造业企业的数据进行分析发现，企业的出口行为和人力资本之间具有相互促进的作用。通过上面的文献分析可以看出，人力资本对于企业生产率的影响效果是显著的，当政府实行税收减免的优惠政策后，企业会有更多的可支配利润，这些可支配利润能够投资到员工的技能提高和人才引进方面。人力资本作为企业员工自身所具备的知识储备及社会实践能力，企业人力资本的提升是促进企业生产率提升的重要因素。

第二，企业从区域减税政策中获得的可支配利润增加，这些增加的利润除了可以直接用于人力资本的提高外，还可以通过投入企业的研发活动来间接提高员工的劳动生产率。比如，Hu 对北京市 1995 年的部分高科技企业的分析，Jefferson 等对中国在 1997—1999 年的部分大中型制造企业的分析，都表明企业对于研发活动的投资金额越多、投资力度越大，就越有利于提高企业的全要素生产率水平。吴延兵对中国制造业企业的分析也得出相同的结论，即企业自主研发能力的提升有助于企业生产率的提高。但是，也有一些学者认为研发活动需要长期的资金投入，只有在长期内才能够发挥作用，并且具有高风险的特征，很多企业面临着研究失败的风险，因此他们认为只有那些资金实力雄厚的大型企业才有能力进行科技研发活动。其中，吴延兵、汤二子和于长宏经过分析发现，企业规模确实能够影响到企业的科技研发活动，并且企业规模和科技研发活动之间具有正向促进关系。通过上面的分析可以看出，当政府实行减税的优惠政策后，企业有更多的可支配利润用于研发投入，虽然研发投入有一定的风险，但是该区域总体的全要素生产率会增加。并且无论是投资到员工等人力资本，还是投资到机器设备上的实物资本，都会促进企业全要素生产率的提升。

第三，政府税收减免的优惠政策可以使企业获得更多的可支配利润，这些可支配利润，除了可以提高企业的人力资本、增加企业的研发投入外，还能够使企业有更多的资金用于购买机器设备等固定资产以及用于基础设施的建设，还能够使企业引进新的生产线、改善原有的管理制度等。另外，当企业的可支配利润增加后，企业可以将这部分资金用在员工的身上，通过培训员工来提高员工的工作能力。企业员工自身工作能力的提高有一大部分来自员工工作经验的积累，也就是员工在实际的工作过程中会使自身的能力得到提升，即“干中学”效应。企业在招聘人才的时候，招聘到的人才可能不是对口专业，或者即使是对口专业的人才也会存在理论知识和实际工作脱离的现象，因此，对员工进行必要的职业培训是非常重要的。对员工的职业培训能够使员工熟悉自己所从事的工作性质，能够帮助员工更快地掌握工作流程，从而提高员工的工作效率。事实证明，将可支配利润投入员工培训和研发活动是企业提高生产率的重要方式之一。

第四，企业的管理层对股东负责，他们按照企业股东的要求，来进行企业的生产经营决策，最终实现企业的利润最大化。良好合理的管理层结构、优秀的管理人员能够审时度势，做出有利于企业发展的决策，因此从这个层面来看，优秀的管理人员能够提高一个企业的生产率。当政府实行减税的优惠政策后，企业就有了更多可以支配的利润，可以把这部分利润用来引进更加优秀的管理人员，管理人员作为高素质劳动力的代表，也是人力资本的一种体现形式，对于企业生产率的提高发挥着巨大的作用。

通过上面的分析可以得出下面的结论：政府实施的减税政策能够增加企业的可支配利润，企业可以将这部分可支配利润一方面用于培训员工、引进高素质人才，另一方面用于购买机器设备、新建厂房等固定资产方面，这两个方面的资金投入都能够提高企业的全要素生产率。李志远、余淼杰、李科和徐龙炳分别对可支配利润的合理用途进行了详细说明。总之，政府的税收减免政策能够在整体上提高企业的全要素生产率，具体的作用路径就是企业可以把可支配利润用于增加研发投入、提高企业人力资本水平、增加固定资产投资等方面。同样地，从相反的方面来讲，企业获得减税政策后，其可支配利润的增加并不一定会促使其进行人力资本培养、更新厂房设备等行为，有可能使得企业进行简单重复的规模扩张以此获取“量”的增加带来的收益，而非通过提高生产率来获取“质”的提升带来的收益。

基于此，本书提出以下研究假设：

研究假设2：区域减税政策使得企业可支配利润增加，进而可使企业通过人力资本积累、加大研发资本投入、更新陈旧的基础设施等措施提高企业生产率；但也有可能使得企业进行简单的规模扩张，对企业生产率不存在促进作用。

三、吸引企业集聚产生学习效应和选择效应

由于新进入企业会给同区域的企业带来劳动力技术升级、产业集聚等正向“溢出效应”，较高的税率会打击企业家活动的积极性，进而导致新进入企业减少，经济集聚效应不足而造成经济损失。区域减税政策能够对企业家产生一定的吸引力，吸引企业家进入减税区

域，通过集聚、共享、匹配和学习等机制实现企业生产率水平的提升。规模更大、人口更稠密区域的企业能够在外部经济环境下实现更大的生产率优势，如 Sveikauskas，Nakamura 以及 Rice 等认为企业生产率和企业所在区域规模存在正向相关关系，而 Ciccone，Hall，Ciccone，Brulhart 和 Mathys 则认为就业密度衡量下的集聚经济能够促进企业生产率提升。

此外，范剑勇、陈良文、刘修岩通过不同的样本数据也得出了类似结论。更有学者从微观数据视角分析了集聚经济对企业生产率的影响，如 Henderson 通过研究美国机械设备制造业和高技术产业企业数据发现，企业生产率和高技术产业内部企业数量呈现明显的正向作用关系，Baldwin 通过制造业企业数据，对集聚经济的来源进行识别，证实了本地化经济的存在，与 Marshall 强调的“购买者－供给者”关联效应相吻合。Martin 进一步采用法国国家企业层面数据进行研究，也证实了上述结论。国内学者简泽从企业间竞争的视角出发，认为行业集聚会促进企业竞争，并能够进一步促进行业内生产率的提高，优化行业间的资源配置。范剑勇通过研究也证明了集聚经济可通过技术效率提高企业的生产率。此外，也有众多学者基于贸易开放度、企业规模、基础设施等研究角度出发，完善了经济集聚对生产率作用的理论基础。

本书对上述文献整理发现，目前的研究更多的是集中在区域或者部门层面进行汇总数据然后研究，但是基于企业层面数据的研究鲜见于文献，因为汇总数据容易给我们造成针对“学习效应”和“选择效应”识别上的困难，因此相关研究难以进行更深入探讨。而区域减税政策的实施能够同时影响这两个不同效应作用的发挥，因此我们十分有必要从微观企业数据进行研究，进而实现对不同效应的有效识别。

空间经济学研究的核心问题包括地区生产率差异及其产生机理，针对地区生产率差异形成的微观机制，目前学术界还没能给出统一的理论阐述。比较具有代表性的是 Combes 等通过选取法国的数据证明了企业不存在明显的选择效应，但是却存在明显的学习效应。而 Syverson 使用混凝土行业数据研究表明了企业选择效应的存在，Saito 和 Gopinath 则利用企业异质性和集聚经济的混合嵌套模型，证实了食品行业内企业选择效应的存在。同时，Baldwin 和

Okubo 进一步对企业选择的内涵加以丰富，认为异质性企业选择效应也是造成企业生产效率分布和行业结构变化的重要因素，之后 Forslid 和 Okubo 利用日本制造业企业数据对选择效应的存在进行了验证。

如上所述，从学习效应来讲，区域减税政策能够有效吸引企业进入减税区域，进而在此区域形成集聚，集聚后的企业通过不断的分工与合作、良好的匹配机制、优质的供应商、密集的劳动力市场等来实现知识溢出效应，实现知识的积累和创新，进而不断提高集聚区域内企业的生产率。从选择效应角度来讲，高效率的企业会更多地倾向于选择大的市场定位，以便获取更多的市场份额，而低效率的小企业则会选择小市场定位，以便较好地规避竞争、逃避风险。同时大市场地区因为较为激烈的市场竞争会将低效率的企业挤出高效率市场，促成高效率企业定位大市场、低效率企业定位小市场的格局内生地导致大市场地区、小市场地区的生产率差异。当然，区域减税政策的选择效应并不是单方面的，主要包括两个方面：一是增强了减税区域的市场规模，二是减税政策直接吸引高生产率的企业进入，从而形成选择效应。

此外，还需要进一步指出，尽管区域减税政策短期内能够通过集聚提升企业生产率，但在长期内，可能会因拥挤效应的存在而对企业生产率产生一定的负向作用。

基于此，本书提出以下研究假设：

研究假设 3：区域减税政策能够吸引企业迁移至减税区域，在该区域产生集聚经济，从而通过学习效应和选择效应产生的共享、匹配和知识溢出等机制提升企业生产率水平；但长期来看也可能随着生活成本、土地及劳动等要素成本的上升，对企业生产率产生负面影响。

四、激励企业家创新创业

区域减税政策能够起到激励引导的作用，主要是对企业家活动的刺激，激励其进行创新创业，在减税区域内开办新的企业。企业家创业活动风险是非常高的，高风险要求高回报，而高税率会使得企业家预期的创业回报下降，直接提高了创业决策的机会成本，降低其创业动机。

要让企业家精神真正发挥作用，并保证其生产积极性，就必须首先为企业家发展营造一个良好的环境。区域减税政策相当于为企业家提供了创新创业的环境和动力。实施减税政策后，企业能够解决融资约束问题，并且相当于增加了可支配利润，能够更大范围地进行研发或投资扩张，这些对于企业家创新创业而言，都是能够节约成本、降低风险、充满吸引力的举措。

区域减税政策实现的资源重新分配能够有效缓解企业的融资约束，促进企业的创新活动，并提升外部投资者对企业创新水平的认同感，有效缓解双方信息不对称问题，帮助企业获取更多的外部融资，同时还能够进一步强调政府的认证功能，激励企业家的创新积极性。此外，政府针对某一地区实施优惠政策时，有助于营造良好的企业竞争环境，加强基础设施建设和人才培养，政府的上述行为无疑会提高企业家进入该区域的热情。由于新进入企业会给同区域的企业带来劳动力技术升级、产业集聚等正向效应，高税率会使得企业家活动不足，新企业进入减少，导致集聚经济效应的损失。而区域减税政策实施后，创业的企业家将能享受减税优惠产生的风险对冲效应。较低的税率能够使得企业家的创业回报率得到一定程度的提升，降低了创业失败的机会成本，促进其进行创新创业。同时，较低的税率可以使新进入企业在产业链上下游或横向层面形成集聚经济，进一步促进企业生产率的提升。

值得注意的是，企业获得减税政策优惠后，对于企业家而言，可能并不能提升其进行创新创业的动力。因为企业减税后能够直接增加企业家的个人收益，如果企业家存在一定的“短视”行为，极有可能的情况是，企业家会进行简单的规模扩张或乐于享受政策红利，而不采取任何创新创业的经济活动。

基于此，本书提出以下研究假设：

研究假设 4：区域减税政策能够起到对企业家创新创业活动的激励引导作用，较低的税率能够提升企业家进行创新创业的积极性，促进企业生产率的提高。但由于企业家可能存在“短视”行为，减税政策无法促进企业家创新创业活动。

五、减税政策的长期均衡效应

如上所述，区域减税政策无形中缓解了企业的融资约束，将会刺激企业进行研发资本投入，从而对企业 TFP 产生提升作用。减税政策不仅降低了新技术的固定成本，创新的外溢效应还导致了生产的边际成本下降，促进了生产率水平的提升。减税政策也使得企业可支配利润增加，会增强企业人力资本培养力度，提高薪资、吸引高水平人才，也会使其加强员工培训力度，进而提升企业劳动生产率，从根本上提高企业的生产率。同时，企业的税收成本降低还可能通过影响企业的生产经营决策行为，例如，通过非生产性资金来投资新厂房设备、更新陈旧的基础设施或聘请更有能力的管理者等，来提升企业运行效率。总的来说，企业税收减免将直接减少企业的税收负担，增加企业的可支配利润，进而通过提高研发投入、人力资本投入、更新厂房设备等几个方面提高企业的生产率。另外，区域减税政策能够进一步吸引企业迁移至减税区域，在该区域产生集聚经济，从而通过共享、匹配和学习等机制提升企业生产率水平。区域减税政策还能够起到激励引导的作用，主要是对企业家活动的刺激，激励其进行创新创业，在减税区域内开办新的企业，从而提升区域内企业的生产率。

减税政策能够通过降低企业成本、吸引新企业进入产生经济集聚效应等一系列机制使得企业生产率上升，但以上分析都是基于短期而言的一般静态分析。从长期动态视角来看，减税政策很可能存在长期一般均衡效应。理论上来说，由于减税政策所导致的繁荣经济效果可能会伴随产生劳动力成本上升、劳动力供给增加、土地租金成本上升等一般均衡效应，因此经济体在经过短期的减税效应后会重新在一个新的稳态附近收敛，其对于经济活动的刺激作用在长期来看可能存在边际递减效应。

而关于减税政策的长期效应，相关文献并无明确结论。本书认为，从理论上讲，经济增长是一个动态均衡的过程，无论是古典经济学中的要素投入驱动经济增长，还是内生经济增长理论强调的技术进步驱动型经济增长，驱动经济增长的要素均存在边际效应递减的规律。区域减税政策能够在一定范围内、一定时期内对企业生产率产生促进作用，但伴随着劳动力、资金资本、土地租金等各种生产要素投入数量和质量的变化，其作用在长期而言是存在边际效应递减的。

基于此，本书提出以下研究假设：

研究假设5:伴随着劳动力、资金资本、土地租金等各种生产要素投入的变化,区域减税政策对企业生产率的促进作用存在长期均衡效应。

第三节 本章小结

本章在梳理相关理论基础的前提下,从区域减税政策影响企业生产率的数理模型和作用机制两方面分别对其进行理论分析。

数理模型方面,在特定的区域政策落实到某一地区时,从区域经济学的视角来讲,通常会在两个方面作用于微观企业:一是对本区域企业存在作用;二是对其他区域的企业存在影响,这也就是所谓政策的“空间效应”。因此,区域政策的实施效果是这两方面因素综合作用的结果。基于此,本书主要从区域内与区域内外之间两个层面来构建理论模型。本书在 Hsieh 和 Klenow 垄断竞争模型的基础上对模型进一步拓展,将减税政策影响因子纳入模型,通过数理推导证明区域减税政策对全要素生产率存在作用,这种作用更主要体现在区域内部企业。此外,Okubo 进一步引入 Ottaviano 垄断竞争线性模型和企业间的成本异质性,便于更好地分析描述公司分布均衡及所有的结构参数对公司的行为的影响,研究中显示了位置选择是如何确定不同国家内部公司的数量和类型作为异质性企业的选择机制的。本书通过研究异质性企业在不同的区域市场整合时所面临的不同区位选择,发现区域间的生产率在经济一体化不断增强的过程中呈现出先大后小的趋势。基于此,本书从微观层面通过引入区域减税政策对 Okubo 等的模型进行拓展,讨论该政策如何因企业异质性引致不同的实施效果,这更多体现的是对区域外企业的作用。

作用机制和研究假设方面,本书根据数理模型的分析和理论综述,提出了区域减税政策影响企业生产率的五个作用机制和研究假设。具体内容如下,首先,区域减税政策能够缓解企业面临的融资约束,使企业有更多的资金用于研发活动的投入,从而达到提升企业全要素生产率的作用;但由于企业的“短视”行为,也可能对企业研发投入起不到相应作用。其次,区域减税政策使得企业可支配利润增加,进而可使企业通过人力资本积累、加大研发资本投入、更新陈旧基础设施等措施提高企业生产率,但也有可能使得企业进行简单的规模扩张，对企业生产率不存在促进作用。再次，区域减税政策能够吸引企业迁移至减税区域，在该区域产生集聚经济，从而通过学习效应和选择效应产生的共享、匹配和知识溢出等机制提升企业生产率水平；但长期来看也可能随着生活成本、土地及劳动等要素成本的上升，对企业生产率产生负面影响。另外，区域减税政策能够起到对企业家创新创业活动的激励引导作用，较低的税率能够提升企业家进行创新创业的积极性，促进企业生产率的提高。但由于企业家可能存在“短视”行为，减税政策无法促进企业家创新创业活动。最后，区域减税政策能够在一定范围内、一定时期内对企业生产率产生促进作用，但伴随着劳动力、资金资本、土地租金等各种生产要素投入数量和质量的变化，其作用在长期而言是存在边际效应递减的。

因此，本章通过在理论层面推演出区域减税政策与企业生产率之间的数理关系，来奠定本书的数理基础。而后在已有文献的基础上，对区域减税政策影响企业生产率的作用机制进行总结，以期能够将本书的核心内容进行理论化、系统化的提炼，并提出了相应的研究假设。本书融合了企业异质性的新经济地理学理论，为研究中国实现经济发展跨越进程中区域减税政策的微观效应和实施效果，提供了一个重要的新视角和新理论框架。

第三章　区域减税政策的内容与企业生产率的特征分析

第一节　西部大开发区域减税政策理论背景与具体内容

一、西部大开发区域减税政策理论背景

新古典经济学更多的是考虑个人理性，认为经济均衡在市场机制的自我调节下可以修复完成，在区域经济学中则表现为区际要素在充分流动的前提下，区域均衡可以自由形成。新古典贸易理论更是认为在各个区域充分发挥了要素禀赋优势条件下，自由贸易且充分合理分工，不同区域间的差异就会逐渐消除，从而实现要素价格的最终一致性。

然而，新古典理论存在的一个缺点就是其理论假设和现实不相符。完全竞争和要素的充分流动在空间分布的非均质性条件下是难以实现的。区域间的工资率和失业率间的差距不能立刻实现缩减的主要原因在于两个方面：一是地理上的惯性导致要素流动存在流动障碍，二是工资并不能完全真实反映劳动力的市场真实状况。市场的力量往往更倾向于加强区域间的差距而非缩小差距。空间的非均质性条件下，市场理论作用下会形成一系列增长极，通过极化作用而使区域差距进一步拉大。"循环累计因果理论"认为劳动力、资本等要素在流动过程中会存在"马太效应"，发达地区经济发展更加繁荣，落后地区经济发展更加萧条，在回波效应大于扩散效应的作用下，区域差距会持续扩大。因此，发展经济学在其"贫困恶性循环"和"低水平平衡陷阱"理论中认为，区域问题的有效解决还是离不开政府力量的干预。

此外，市场机制的自我调节无法很好地实现区域发展的外部性问题，区域主体的有限理性和社会理性也会因为地方政府利益的差

异而存在不同，“囚徒困境”依靠区域公共产品基础是无法解决的。市场机制在区域发展领域的“空间失灵”为国家出台区域政策进而干预区域发展提供了理论依据。

二、西部大开发区域减税政策具体内容

1999 年 11 月份，中央经济工作会议初步提出了西部大开发战略。在继续保持东部地区经济发展的良好势头下，不失时机地实施西部大开发战略，缩小两地区间差距，对于促进中国经济的可持续发展和社会主义和谐社会的构建具有重要的作用。西部大开发战略是全面推进社会主义现代化建设的重大战略部署。

2000 年 1 月，国务院西部地区研究小组具体研究了西部地区发展的基本思路和基本的战略任务，对于西部大开发过程中的重点工作进行了部署，并在中共十五届五中全会上正式将实施西部大开发、促进地区协调发展作为一项战略任务来提出。此外，在 2001 年 3 月份的九届全国人大四次会议上对西部大开发战略再一次进行明确的部署，强调西部大开发战略要依靠亚欧大陆桥、长江水道、西南出海通道等交通干线，依靠中心城市，以线串点，以点带面，形成具有西部特色的跨行政区域经济带，并带动其他地区的发展，有步骤、有重点地实施。国家对于西部大开发战略的实施力度十分强大，从 2002 年开始的十年内，国家对西部地区投入了大量物质资本，中央财政性建设资金累计投入 4 600 亿元，中央财政转移支付和专项补助资金累计安排 5 000 亿元。西部地区固定资产投资规模增长迅速，年均增长速度超过 20%。截至目前，青藏铁路已经完成全线通车、西气东输东段工程已全面完成、西电东送工程也已取得巨大进展。不仅仅在基础设施建设方面，国家在人才培养、税收优惠、资源保护等各个方面均给出了一系列政策措施。西部大开发政策具体的主要内容总结如图 3.1 所示。

西部大开发战略中涉及减税政策的主要文件包括《财政部、国家税务总局、海关总署关于西部大开发税收优惠政策问题的通知》（财税[2001]202 号）、《国家税务总局关于落实西部大开发有关税收政策具体实施意见的通知》（国税发[2002]47 号）、《财政部 国家税务总局关于西部大开发税收优惠政策适用目录变更问题的通知》（财税[2006]165 号）、《财政部 国家税务总局关于将西部地区旅游景点和

景区经营纳入西部大开发税收优惠政策范围的通知》(财税[2007]65号)、《关于深入实施西部大开发战略有关税收政策问题的通知》(财税[2011]58号)。

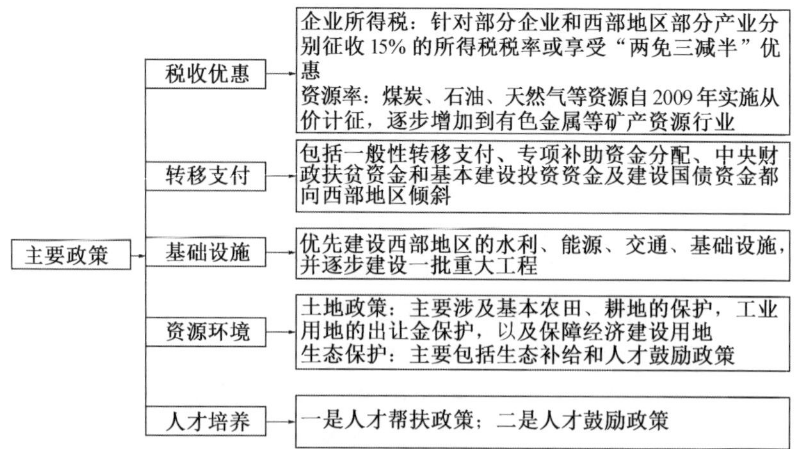

图 3.1　西部大开发政策的主要内容总结

与本书的减税政策相关性最大的是2001年国务院颁布实施的政策文件《财政部、国家税务总局、海关总署关于西部大开发税收优惠政策问题的通知》，这是西部大开发区域减税政策的核心政策文件，后面的相关文件更多的是细节方面补充，而本书也是基于这一文件对西部大开发区域减税政策影响企业生产率的行为特征进行分析研究的。该文件的主要内容包括减税政策适用的地区范围、减税政策的具体方式和相关“产业目录”等，前文介绍西部大开发区域减税政策时已经进行了详细总结，此处不再赘述。

第二节　主要指标度量与数据说明

一、指标度量

(一) 企业生产率的计算方法

企业生产率作为本书的核心变量，关于其计算方法笔者查阅了较多的文献，全要素生产率作为企业生产率的代理变量一般被认为是最佳衡量指标，总结发现其计算方法主要有传统指数核算法、普通最小二乘法（OLS）和控制函数方法[即 Olley－Pakes 法（OP 法）、Levinsohn－Petrin 法（LP 法）和自相关函数（ACF）]等。

直接采用 OLS 回归方法的话极有可能造成变量之间的同步性偏差和样本的选择性偏差。为能够较好地解决这类问题，Olley 和 Pakes 提出的 OP 法、Levinsohn 和 Petrin 提出的 LP 法以及 ACF 法是学术研究中经常被使用的。估算方法的不同可能会导致估计结果存在差异，即使是利用同一估算方法，在研究目的和数据库特征不同条件下，合理选择控制变量也是十分重要的。这就要求我们为了能够较好地估计生产函数，在数据库特征的基础上必须要正确控制相关的重要因素。鉴于前文提到的三种估算方法，我们将对其优劣势进行分析。

首先，ACF 方法是在考虑劳动力调整时期比较长且调整成本比较高的情形下估计偏差问题。根据中国目前的国情来分析，ACF 方法适用性不强。其次，OP 法能够控制不可观测的生产率，在半参数估计方程中纳入企业在下一年度退出的概率，用投资作为生产率的代理变量。但是这种方法必须依赖于企业生产率严格递增这一关键条件，而在现实生活中企业投资调整的灵活性较差，很多企业存在零投资，这就需要我们在进行样本回归时将这些企业全部剔除，进而造成效率的较大损失。最后，Levinsohn 和 Petrin 为了避免剔除投资缺失的样本情况，进而将中间投入品作为生产率的代理变量。

总体来讲，绝大多数文献都会认为并非所有的企业在每一期都会发生投资行为，在计算全要素生产率过程中如果用 OP 法进行计算会损失部分有效信息，从而更倾向于使用 LP 法进行估计。遵循 Brandt，Yu 等的做法，林毅夫等使用扩展的 OP 法估计企业生产率。但是使用扩展的 OP 法也存在一定的局限性。这种方法假设资本投入比劳动投入对生产率冲击敏感性更强，但这是与实际情况相违背的。因此，针对工业企业生产效率，本书借鉴鲁晓东和连玉君使用的 LP 法进行计算，另外，还用索罗残差固定效应计算的 TFP 进行稳健性检验。

（二）其他指标的计算

依据既有的企业生产率影响因素的研究文献，在实证模型中，我们考虑了会对企业生产率造成影响的相关控制变量 X。例如，企业规模（ln_size）增加可以使企业获得规模经济效应，从而带来企业生产率的提高,即企业生产率的增加可能因企业规模增加而增加,而不是由西部大开发区域减税政策所引致,这样会导致实证结果有偏,因此对其进行控制。具体的控制变量及计算方法见表 3.1。

表 3.1 主要变量及其计算方法

变量名称	变量符号	变量定义
企业全要素生产率 1	TFP_LP	使用 LP 法计算的工业企业全要素生产率
企业全要素生产率 2	TFP_FE	使用固定效应方法计算的工业企业全要素生产率
西部大开发政策	treat	哑变量,企业是否受到西部大开发优惠政策,是为 1
政策时间	Y 2001	哑变量,样本时间在 2001 年后为 1,之前为 0
企业规模	ln_size	企业期末总资产的对数
资产负债率	lev	企业期末负债除以企业资产
净资产收益率	roe	本年利润总额除以企业总资产
员工人数	number	企业的职工数量
企业出口规模	ln_ex	企业出口额加 1 取对数
政府补贴	ln_faid	企业获得的政府补贴收入
企业实际税负	ETR	企业支付的企业所得税除以企业营业收入
所有制结构	D_ownership	哑变量,设置三个分别对应所有制类型为:国有企业、民营企业、外商企业
行业效应	D_ind	哑变量,按照二级行业分类,设置 38 个行业
年份效应	D_year	哑变量,1998 到 2007 年,设置 10 个年份

二、数据说明与描述性统计分析

(一) 关于本书数据区间选择的说明

本书中企业生产率根据 LP 法计算得到,在利用 LP 法估计 TFP 时,产出用增加值表示,选择时间、行业和地区虚拟变量以及员工规模作为自由变量,以中间投入作为代理变量,另外加入资本存量数据，并参照范剑勇、Cai 和 Liu 等的研究，剔除不符合经济学常识和会计钩稽关系的样本。但是该方法需要工业增加值、中间品投入等指标，而中国工业企业数据库 2008 年之后的数据中，工业增加值和中间品投入均缺失。

该数据库包含大量样本，搜集整理工作非常烦琐，目前，在使用该数据库最新发表在国内权威期刊的研究中，在计算企业生产率时，一般只用到 2007 年，如张睿、陶锋。主要原因是采用 LP 法计算企业生产率时，需要企业的中间品投入这一变量，而中国工业企业数据库在 2007 年之后的这一数据是缺失的。

不过，对于本书研究的西部大开发区域减税政策对企业生产率的影响这一主题而言，采用 1998—2007 年的工业企业数据库可以满足研究需求。针对我们的研究主题，只需要关注减税政策实施前后 2 ～ 3 年的数据即可。2016—2018 年权威期刊中使用工业企业数据库计算生产率的主要文献见表 3.2。当然，如果有更长的数据周期也许会得出更多有价值的结论，但目前采用的数据时间段也并不影响本书主要的研究结论。

表 3.2　2016—2018 年权威期刊中使用工业企业数据库计算生产率的主要文献

作者、发表年份	论文题目	数据及处理方法	发表期刊
陶锋等；2017	金融地理结构如何影响企业生产率？——兼论金融供给侧结构性改革	2005—2007 年中国工业企业数据库；LP 法	经济研究
陈强远等；2016	中国大城市的企业生产率溢价之谜	1998—2007 年中国工业企业数据库；LP 法	经济研究
林毅夫等；2018	区域型产业政策与企业生产率	2000—2005 年中国工业企业数据库；LP 法、OP 法	经济学（季刊）
张睿等；2018	基础设施与企业生产率：市场扩张与外资竞争的视角	2001—2007 年中国工业企业数据库；LP 法	管理世界

续表

作者、发表年份	论文题目	数据及处理方法	发表期刊
汤二子;2017	中国企业“出口一生产率悖论”:理论裂变与检验重塑	2006、2007年中国工业企业数据库;LP法	管理世界
李力行等;2016	土地资源错配与中国工业企业生产率差异	2003—2007年中国工业企业数据库;LP法	管理世界
李波和杨先明;2018	贸易便利化与企业生产率:基于产业集聚的视角	2000—2007年中国工业企业数据库;LP法	世界经济
蒋殿春和谢红军;2018	外资并购与目标企业生产率:对中国制造业数据的因果评估	1998—2007年中国工业企业数据库;LP法	世界经济
刘维刚等;2017	生产分割对企业生产率的影响	1998—2007年中国工业企业数据库;LP法	世界经济
孙楚仁和陈瑾;2017	企业生产率异质性是否会影响工业集聚	1998—2007年中国工业企业数据库;LP法	世界经济
张杰等;2016	出口与企业生产率关系的新检验:中国经验	2000—2005年中国工业企业数据库;OP法	世界经济
向训勇等;2016	进口中间投入、企业生产率与人民币汇率传递——基于我国出口企业微观数据的实证研究	2000—2006年中国工业企业数据库;LP法	金融研究
张梦婷等;2018	高铁网络、市场准入与企业生产率	人均产出代表企业生产率	中国工业经济
赵奇伟等;2016	中国工业企业生产率的动态变化机制:自我驱动、技术扩散与同业竞争	1998—2007年中国工业企业数据库;LP法	经济学动态

(二) 数据数理过程

本书使用的数据主要来自 1998—2007 年国有企业及非国有企业规模以上(销售额在500万元以上)工业企业数据库。中国工业企业数据库在学术界有非常广泛的应用,作为一个由中国国家统计局收集的数据库,它的优点是样本大、指标多、时间长,其缺陷包括样本匹配混乱、指标存在缺失、指标大小异常、测度误差明显和变量定义模糊等问题。

本书参考 Brandt、杨汝岱等的方法对样本进行详细整理,过程如下:首先,对企业按照标准法人代码进行匹配,无法通过此法人代码指标匹配的企业通过企业名称匹配;其次,按照法人名称 + 省地县码 + 3 位数县级代码匹配;再次,按照企业电话号码 + 县级代码匹配;最后,按照企业所在乡镇名称 + 企业主要产品 1 + 4 位数行业代码 + 企业开工年份 + 县级代码匹配。

在对标准企业名称进行匹配时,按照一定的优先程度进行类推,在我们获取具有完整性和一致性的面板数据后,按照以下标准将众多不符合经济学常识的数据删除,这类数据主要包括工业总产值、资本原值、资本净额、职工数、负债、中间投入品等指标必须为大于零的正数,折旧、工资、福利、保险、实收资本等指标不能为负的相关数据。同时,针对那些固定资产大于资产总计、各项资金大于实收资金等不同的样本。其他常规处理还包括删除企业职工人数小于 8 人,开工时间在 1949 年之前或者在 2008 年之后的,等等。

本书在调整过的县级代码的基础上,以市(县)为单位,对本书研究的西部大开发边界沿线企业进行筛选。在此需要特别强调的是,工业企业数据库中很多的县级代码是十分混乱的,部分原因可能是国家行政区划的县域合并导致的县级代码不断变更,或者是各级工作人员在上报过程中出现了误报。因此,本书通过细致的调查匹配,按照国家统计局每年公布的县及县以上行政区划代码,对混乱的行政代码进行了修正。

(三) 描述性统计分析

表 3.3 中是按照上述方法整理后的工业企业数据库计算的各个指标的描述性统计,分为全样本、有政策边界市、无政策边界市三组样本。

表 3.3 全样本描述统计

变量	全样本				有政策边界市		无政策边界市	
	均值	标准差	最小值	最大值	均值	标准差	均值	标准差
企业全要素生产率	6.490	1.401	2.554	9.783	6.250	1.537	6.549	1.359
西部大开发政策	0.199	0.399	0.000	1.000	1.000	0.000	0.000	0.000
企业规模	9.742	1.532	6.522	14.142	9.733	1.581	9.744	1.520
资产负债率	0.551	0.266	0.017	0.986	0.565	0.256	0.547	0.268
净资产收益率	0.098	0.450	−1.871	2.280	0.027	0.417	0.115	0.456
员工人数	4.820	1.250	2.079	11.964	4.870	1.256	4.808	1.248
企业出口规模	1.278	3.263	0.000	15.648	0.769	2.569	1.404	3.401
政府补贴	0.648	11.766	0.000	1 754.09	0.667	5.171	0.643	12.889
企业实际税负	7.001	20.558	0.000	2 950	8.241	35.493	6.693	14.652
国有企业	0.364	0.481	0.000	1.000	0.531	0.499	0.322	0.467
民营企业	0.428	0.495	0.000	1.000	0.331	0.470	0.452	0.498
外商企业	0.163	0.369	0.000	1.000	0.073	0.261	0.185	0.388
样本数	66 864				13 282		53 582	

从表 3.3 中可以看出，企业全要素生产率在全样本中的均值为 6.490，在有政策边界市样本和无政策边界市样本中的值分别为 6.250 和 6.549，在两个分样本中的值分别小于和大于均值。但值得注意的是，有政策边界市样本的均值竟小于无政策边界市。按照常规的理解，有政策边界市似乎应该具有更高的企业全要素生产率均值，造成这一疑问的原因可能存在于两方面，一方面正是后文分析的地区层面、行业层面、企业层面存在异质性，因而减税政策对异质性企业的全要素生产率具有不同作用效果，从均值层面上无法体现；另一方面有可能是减税政策并未能促进企业生产率的提升，反而对企业生产率产生了抑制作用。

第三节　企业生产率的特征分析

一、不同地区企业生产率的现状和区域差异

西部大开发政策具体的适用范围主要包括：重庆市、四川省、贵州省、云南省、西藏自治区、陕西省、甘肃省、宁夏回族自治区、青海省、新疆维吾尔自治区、内蒙古自治区和广西壮族自治区（上述地区以下统称“西部地区”）。此外，针对湖南湘西和湖北恩施的土家族苗族自治州及吉林省延边朝鲜族自治州，可以相应按照西部地区享受的优惠政策进行实施。在本书中，我们将上述地区进行了更加细致的划分，主要是为了更好地排除空间因素对政策效果的影响。按照省级行政单位（这里要说明的是，湖南省湘西土家族苗族自治州、湖北省恩施土家族苗族自治州、吉林省延边朝鲜族自治州三个地区的数据在本书的计算中列入相对应的西部省份）从北到南依次划分为：(1) 内蒙古与河北、黑龙江、吉林、辽宁；(2) 陕西与山西、河南；(3) 重庆与湖北；(4) 贵州与湖南；(5) 广西与广东。

本书主要是研究在政策边界线两侧比邻地区的企业生产率在西部大开发减税政策实施前后的变化，进而探究减税政策的作用机制和作用效果。

内蒙古、陕西、重庆、贵州和广西五个毗邻政策边界线且享受西部大开发区域减税政策省份的企业 TFP 均表现出了较为一致的走势，在政策实施之前，企业 TFP 增长速度都较为缓慢，而政策实施之后，企业 TFP 增速有了明显的提升，尤其是 2003 年的增速达到相对峰值，当然，这也在一定程度上说明区域减税政策的效果具有一定的滞后性。

进一步观察可知，在 2004 年，各个省份的企业 TFP 均有所回落，这是明显受到了系统性冲击，其主要原因可能是与当年的经济调控政策有关。查阅可知，首先，政府在 2004 年实施了宏观调控，主要是因煤炭、石油等资源出现供应紧张，经济发展有过热的苗头，政府果断出台各类调控政策，协调了不同产业间的平衡发展。其次，央行的加息对利率结构的调整和存贷款的下限和上限放开，对实体经济都产生了相应冲击。最后，土地供应方面的调控措施是政府收紧了土

地供应“闸门”，这也使得经济有所紧缩，以土地为主要赢利来源的经济发展模式受到制约，调控本身的目的之一就是要抑制这种低层次的、低水平的发展。

具体来看，内蒙古、陕西、重庆、贵州和广西五个省市自治区企业TFP的增长情况可以分为三类：第一类是贵州省；第二类是陕西省和内蒙古自治区；第三类是广西壮族自治区和重庆市。具体情况如图3.2所示。

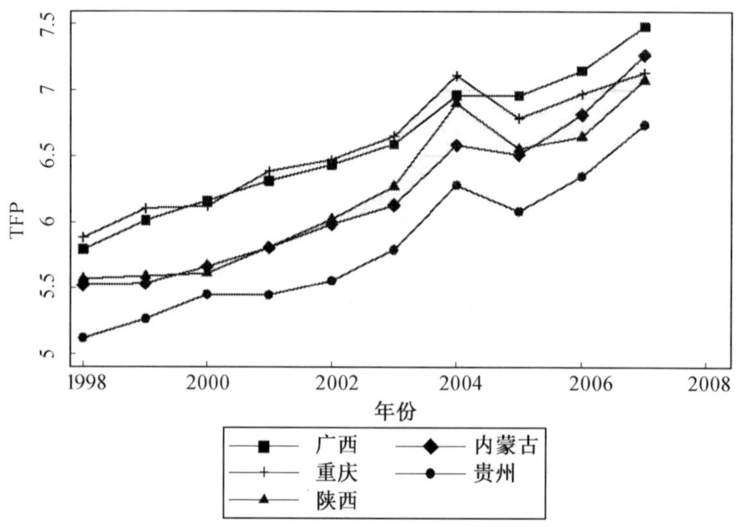

图 3.2 毗邻政策边界线以西省份的企业 TFP 变化情况

首先，贵州省的企业TFP远远低于其他几个省市自治区，这与其自身的经济发展水平较低有很大关系。1998年的企业TFP数值与其他几个省市自治区的差距最大，之后两三年的差距呈现先缩小又扩大的走势，直到2002年之后，受益于西部大开发政策，贵州省的企业TFP数值迅速增长，与其他省市自治区的差距也不断缩小。与其他省市自治区相同，2004年企业TFP受到冲击后产生了一定的回调，但2005年之后反弹更加强烈，增速不断提升。

其次，陕西省与内蒙古自治区的企业TFP走势和绝对数值都非常接近，在2000年之前，其企业TFP增速基本处于停滞状态，直到实施了西部大开发区域政策后，从2001年到2004年，企业TFP增速较快，其中表现更为突出的是陕西省，在其企业TFP绝对数值的峰值时期，已经接近了广西壮族自治区和重庆市的企业 TFP 峰值，这段时期的企业 TFP 增速相当高。可能也正是因为陕西省是资源推动型的经济增长模式，在接下来国家对这类行业进行宏观调控后，其企业 TFP 的回调也是很大的，此后一度低于内蒙古自治区的企业 TFP 绝对数值。相反，内蒙古自治区的企业 TFP 数值增速虽然低于陕西省，但其增长是相对较为稳定的，受国家宏观调控的影响较小，2004 年之后仍保持较高速的增长。

最后，广西壮族自治区和重庆市的企业 TFP 绝对数值相差不大，基本上维持的状态是：在 2004 年之前重庆市的企业 TFP 略高于广西壮族自治区的数值，并且在 2003 年之前两者基本维持同等的增速，在 2003 年重庆市企业 TFP 的增速则明显高于广西壮族自治区，两者都在 2004 年达到峰值。此时，面临国家的宏观调控，重庆市的企业 TFP 受到较大冲击，绝对数值有较大下降，与之形成鲜明对比的是广西壮族自治区的企业 TFP 虽然在这一年未能有明显增长，但绝对数值维持不变，甚至略有增加，这为广西壮族自治区的企业 TFP 增长奠定了很好的基础，后续维持稳步高速增长。

值得注意的是，广西壮族自治区和内蒙古自治区的企业 TFP 是并未因国家宏观调控而产生较大回调的省份，这与其当年的经济发展政策息息相关。

二、不同行业的企业生产率变化分析

为进一步考察西部大开发区域减税政策实施前后，不同行业的企业生产率变化情况，首先，本书参照韩燕和钱春海的研究成果，并结合资源集约度产业分类方法，具体将行业分为资源密集型、劳动密集型、资本密集型和技术密集型四种不同类型。具体来讲，资源密集型行业主要包括煤炭开采、木材加工等七大类；劳动密集型行业包括：黑色金属矿采选业、非金属矿物制品业等十二大类；资本密集型包括：通用设备制造业、交通运输设备制造业等七大类；技术密集型包括：医药制造业、仪器仪表机械制造业等五大类。其次，将四种行业类型中的企业生产率分别进行统计，得出每一行业类型中企业生产率变化的均值。最后，将上述企业生产率均值变化情况绘制如图 3.3 所示。

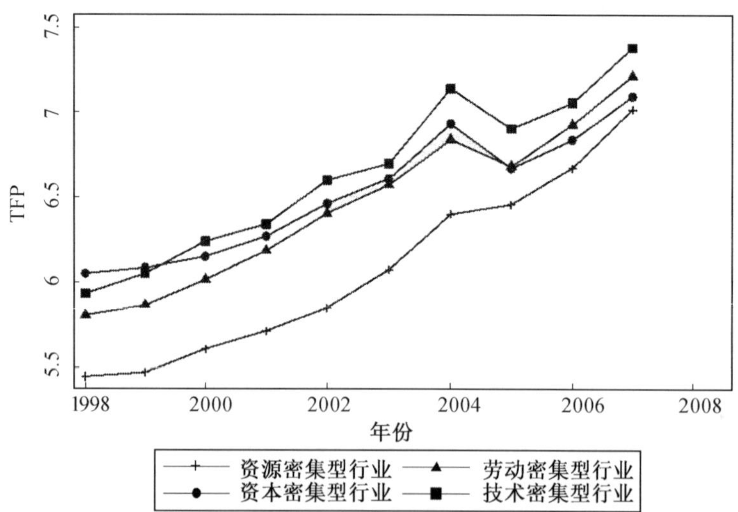

图 3.3　不同行业类型的企业 TFP 走势图

观察图中四种不同种类行业中企业 TFP 的走势可知：

第一，资源密集型行业中企业 TFP 的绝对数值在起初远远低于其他类型的行业，但四类行业中企业 TFP 的整体趋势呈现出不断增长的态势，同时，在西部大开发区域减税政策实施之后，各类行业中企业 TFP 的增速也更加高。

第二，在西部大开发区域减税政策实施前，资源密集型行业中企业 TFP 增速已经有所提升，这也在一定程度上反映出当时我国的经济增长方式较为粗放，是以资源投资拉动为主的。受益于西部大开发政策优惠措施，资源密集型企业一直保持增长态势，甚至 2004 年的宏观经济调控也未能影响其增长，2006 年之后企业 TFP 更是在绝对数值上缩小了与其他行业的差距。

第三，除资源密集型行业外，其他三种行业类型的企业 TFP 走势较为相似，三者均维持较高增速，且在 2004 年国家宏观调控的大背景下，三种类型企业的 TFP 都有所回落，资本密集型企业回落幅度最大。

第四，在 2000 年之前，资本密集型企业 TFP 数值相对在高位，政策实施后，技术密集型企业 TFP 一直维持最高，资本密集型企业次之，两者均略高于劳动密集型企业。

可能的解释是，技术密集型企业技术装备程度比较高，所需劳动力或手工操作的人数比较少，产品成本中技术含量消耗占比重，这也是其企业TFP能持续维持高位的主要原因。同技术密集型产业相比，资本密集型产业的产品产量同投资量成正比，而同产业所需劳动力数量成反比。发展资本密集型产业，需大量技术设备和资金。改革开放以后，中国人口多，资金紧缺，技术落后，大规模地发展资本密集型产业是国家一直鼓励和提倡的，但在2005年之后，劳动密集型企业TFP反超了资本密集型企业，这在一定程度上反映出我国劳动生产率的平均水平在不断上升。四类行业中，对政策敏感程度更高的是资源密集型企业，这与资源密集型企业较为简单粗放的生产经营方式关系密切。

三、不同所有制和规模的企业生产率现状

（一）不同所有制企业生产率现状

从图3.4可以发现，整体来讲，外资企业的平均生产率水平要高于私有企业，而私营企业的生产率水平则要高于国有企业，这与我们的基本认知是相一致的。我们能够看出，这三类企业在2000年之前生产率均处于增长停滞甚至下降的状态，在西部大开发政策实施之后，三类企业的生产率水平在2000—2004年间实现了较快增长，并在2004年达到峰值。随后，如我们前文所分析的一样，2004年受国家宏观经济调控的影响，三类企业的TFP均出现了不同程度的回调。其中，受国家宏观经济调控的影响最大的当属国有企业，这与其国有垄断行业和企业特征相关，而私营企业则受到最小的影响，下降幅度最小。2006年之后，国有企业生产率增速水平则达到了历史新高，直逼私营企业TFP，这在一定程度上显现出市场经济发展到一定条件下所特有的“国进”现象。中国的国有企业和私营企业分别面临着不同的约束条件和目标函数，在市场经济条件下，民企以追求利润最大化为目标，对国企而言，追求利润最大化并非其唯一目标。通常来讲，国企能够更快地实现政府的集中目标，因为国企掌握了雄厚的资源，尽管其数量较少，但是其凭借行政手段和雄厚实力，中央和地方政府完全有能力使得国企在短期内快速实现集中目标。国企相对于民企通常也具有更强的政策执行力，在税收贡献度等方面也具有很大优势。因此，区域减税政策对不同所有制类企业会产生不同效果。

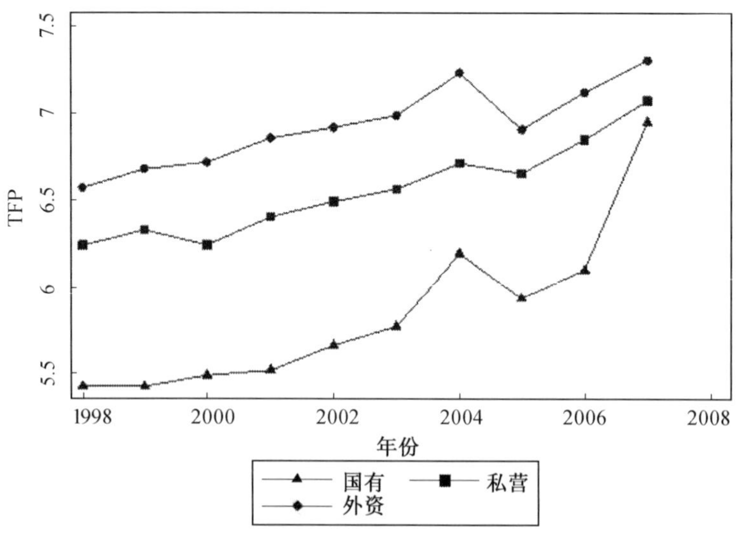

图 3.4　不同所有制企业 TFP 变化情况

首先,外资企业的 TFP 水平要比其他所有制类型的企业要高,且在西部大开发政策实施之前,其 TFP 水平就保持一个相对稳定的增长水平,西部大开发政策实施之后,外资企业的 TFP 出现了持续增长,但是增长幅度不大,相对来讲也是平稳提升。但是,随着外资企业进入国家宏观调控的部分行业,2004 年受到影响较大,企业 TFP 水平出现下降,随后又出现反弹。其次,通过对私营企业 TFP 增长路径的研究,私营企业的 TFP 始终保持在一个比较稳定的水平,甚至在西部大开发政策实施之前,还出现了一定程度的下降,主要是受当时西部地区经济和政策环境的影响较大。但是在西部大开发政策实施之后,因为受到众多的优惠措施,私营企业 TFP 实现了快速增长,即使在 2004 年国家宏观经济政策调控冲击下,也没有表现出很强的波动,之后更是一直保持着较高的增长势头。最后,对国有企业而言,其 TFP 的增长则显现出大起大落的特征,西部大开发政策实施之前,其企业 TFP 是所有不同所有制企业类型中水平最低的,但是西部大开发政策实施之后,国有企业则充当了政策落实的先锋,企业 TFP 增速则维持在较高的水平,并且在 2004 年达到历史最高。随后,受国家宏观经济政策调控冲击,企业 TFP 出现了较大幅度的下降,但是经过短期的调整,企业 TFP 则实现了高速的增长,达到前所未有的水平，充分体现了“国进”的特征。

(二) 不同规模的企业生产率现状

我们将样本中不同规模的企业进行分类，以平均规模为基准，主要分为平均规模以上和平均规模以下企业两类样本。从图 3.5 可以发现，整体来讲，无论企业规模大小，企业 TFP 在西部大开发政策影响下都存在显著的提升，尽管也都在 2004 年出现了一定程度的回调。具体而言，平均规模以上企业的 TFP 要远远高于平均规模以下企业的 TFP，但是其相对于平均规模以下企业而言，在受到政策实施冲击之后，其增速相对要缓慢，并且平均规模以上企业在 2004 年 TFP 达到峰值之后，因受宏观调控政策的影响，企业 TFP 增速有所下降，而平均规模以下的企业 TFP 水平则一直不断增长，并且和平均规模以上企业差距不断缩小。

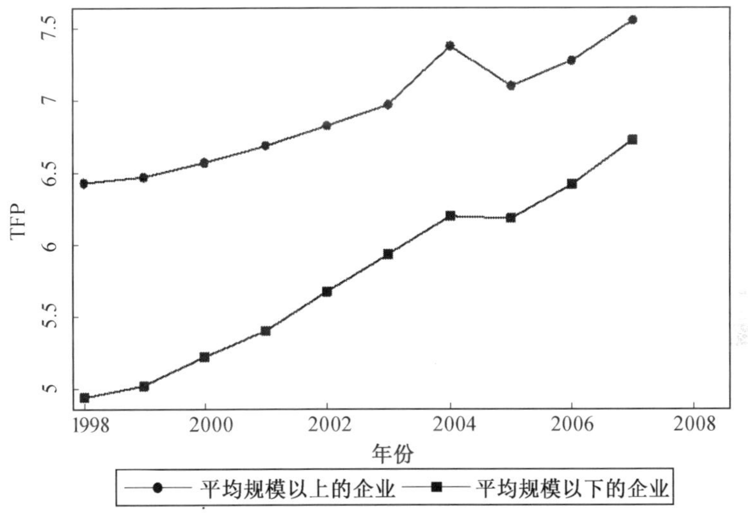

图 3.5　不同规模特征的企业 TFP 变化情况

通过上文的分析，我们能够得出以下结论：规模较小的企业 TFP 的变化要比规模较大的企业受政策影响更大，对政策的敏感度更高，这与我们前面理论模型的分析是一致的。随着税收优惠政策的不断实施，落后地区更容易加大税收的减免力度，以便对发达地区的企业形成强大的吸引力，激励这部分企业到落后地区投资建厂，还能够鼓励本地区企业家投资建厂，进而促进地区的产出增加。但是进驻的企业生产效率通常相对比较低，只有随着减税政策力度的不断加强，才能够进一步吸引进驻企业的生产效率的提升。具体到本书研究的西部大开发区域减税政策，因为其力度是相对固定的，这就说明不会存在随着减税力度的不断增强，区域减税效果会出现不同，但是不同规模的企业则会对减税政策存在不同的敏感度，即区域减税政策对不同规模企业的生产效率作用效果不同。此外，企业规模较小的企业更容易实现“船小好掉头”效应，具有较快的企业生产率水平增速，在面对 2004 年等类似的宏观外部冲击时，能够对企业自身的生产情况做出调整，及时规避风险，尽可能地将企业遭受的外部冲击损伤降低到最小。

第四章 西部大开发区域减税政策影响企业生产率的实证检验

第一节 识别策略与模型设定

一、识别策略

本书利用了中国规模最大的区域性减税政策(西部大开发政策)作为政策冲击的准自然实验。中央政府在 2000 年实施了西部大开发政策,给予了西部地区一系列的减税政策,以企业所得税税率的降低为主。《财政部、国家税务总局、海关总署关于西部大开发税收优惠政策问题的通知》中规定:对设在西部地区的内资企业和外商投资企业,在 2001 年至 2010 年期间,减按 15% 的税率征收企业所得税。

本书选择使用西部大开发减税政策作为外生政策冲击的原因如下:首先,西部大开发减税政策属于中央政府层面制定的政策,对于企业来说属于外生的政策冲击;其次,减税力度和规模足够大,从而有利于研究识别,在 2007 年之前,我国企业所得税名义税率一般为 33%,而西部地区的享受的企业所得税优惠政策名义税率只有 15%,这比一般的企业所得税名义税率低了 54%。最后,西部大开发减税政策针对的是企业所得税,而企业所得税在中国的税收收入占比仅次于增值税,是十分重要的税种,并且相对于增值税而言,企业所得税的税基是对企业经营的所得进行征税,企业面临的税负转嫁能力较小,这个税种税负的变化会直接影响企业的现金流。

而使用双重差分法(DID) 的重要前提是处理组与控制组必须满足共同趋势假设,即如果不存在西部大开发政策,西部地区与其他地区经济增长随时间变化的变动趋势并不存在系统性差异,但无论是从经典的经济收敛理论还是西部地区与其他地区的经济发展现实来看,双重差分法的这一假定都无法满足。因此,为了更加科学地设置控制组与对照组，本书参考 Almond、雷根强等的研究思路，选取西部大开发政策中西部省界分界线左右两边的城市、县域，将中国工业企业数据库与边界的城市、县(区) 域进行匹配，筛选出政策边界线左右两侧的企业。本书通过研究政策边界线左右两侧的企业是否受到政策影响来进行西部大开发减税政策效果识别。此处需要着重说明的是，本书仅选取了西部大开发区域减税政策边界线两侧的城市层面和区县层面的企业数据，并未选择省级层面的企业数据。主要原因是边界线两侧的城市和区县在地理距离、文化习俗、市场潜力等各个方面的相近度会更高，在运用双重差分法时，会相对符合平行趋势假定，而边界线两侧的省份由于地理环境等方面原因均会有较大差异，则无法保证满足上述条件。因此，本书并未选取省份层面的企业数据进行实证检验。

这种选取地理边界两侧样本的处理方法有如下优势：第一，自然边界是政策效果的分界线，对于企业来说，属于外生的政策冲击，并且政策效果会严格在边界左右两侧得以区分，即边界以西的城市能够享受西部大开发的减税政策，而边界以东的城市无法享受西部大开发减税政策(现实情况中，中部省份的湖南湘西地区、湖北的恩施土家族苗族自治州及吉林延边朝鲜族自治州也比照西部地区享受西部大开发政策，我们将其也视为西部地区)。第二，边界线两侧的相邻企业面临的地理、气候、文化等因素非常接近，排除了地理、气候、文化等因素的干扰，从而满足 DID 平行趋势假设的要求(图 4.1)。第三，由于边界线两侧企业面临的市场潜力、基础设施环境等经济条件十分类似，排除了西部大开发政策中基础设施建设等政策所导致的偏误问题。

这种选取地理边界两边样本的思想与断点回归方法类似，但本书并没有使用断点回归方法进行估计的原因是：第一，本书使用企业层面的数据，而无法准确估计出每个企业到省界边界的距离；第二，对于西部大开发政策的影响效应并不会由于距离增加而增加，即只要企业在边界的西部，就会享受到西部大开发政策的福利，而减税幅度并不会因距离边界远近而变化。这种情况下，断点回归估计方法并不会比 DID 更有效。选取政策边界线两侧的样本进行回归分析是解决内生性问题的有效措施。一方面，边界是政策效果的分界线，政策效果会严格在边界左右两侧有所区分，即边界以西的城市能够享受西部大开发的优惠政策，而边界以东的城市无法享受西部大开发优惠政策（现实情况中，中部省份的湖南湘西地区、湖北的恩施土家族苗族自治州及吉林延边朝鲜族自治州也比照西部地区享受西部大开发政策，我们将其也视为西部地区）。另一方面，我们使用分界线两侧相邻的企业进行对比，这样可以排除地理、气候、文化等因素的干扰，从而满足 DID 平行趋势假设的要求。

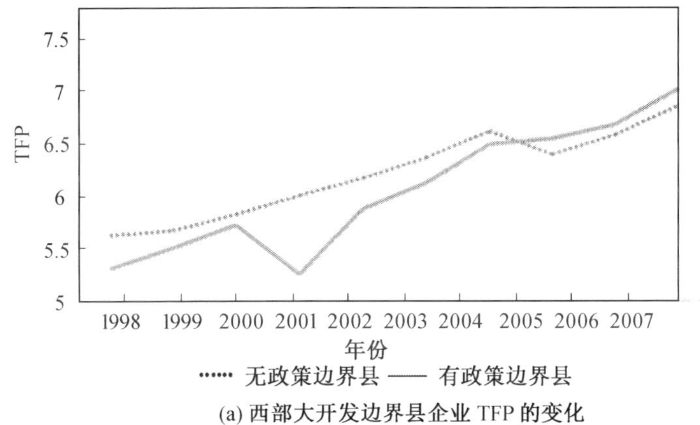

(a) 西部大开发边界县企业 TFP 的变化

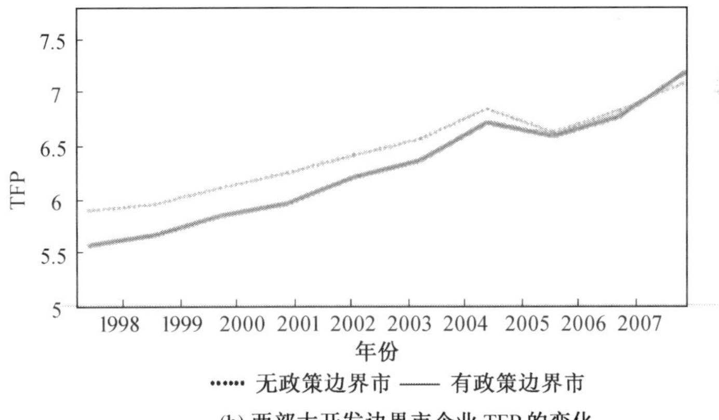

(b) 西部大开发边界市企业 TFP 的变化

图 4.1　西部大开发省界边界企业 TFP 变化

图 4.1 表示西部大开发减税政策影响边界线两侧中西部地区企业 TFP 的效果，在 2001 年以前，由于西部地区比中部地区更为落后，西部地区的企业 TFP 显著低于中部地区，并且在 1998—2001 年两者

的变化趋势较为一致。然而,2001 年开始实施西部大开发减税政策之后,西部地区的企业受到政策刺激,企业 TFP 的增长明显加快,并在 2005 年超过了中部地区企业 TFP。初始阶段经济发展基础薄弱、市场化制度环境以及主要经济指标均较差的西部地区,在西部大开发减税政策实施后,其企业 TFP 实现了反超紧邻边界线以东企业 TFP 的现象。通过图 4.1 可以看出,政策分界线两侧的企业因西部大开发区域减税政策的实行,其 TFP 表现出与之前相异的趋势,同时,这也有效验证了 DID 平行趋势的假设。

二、模型设定

根据前文的理论分析,本书需要在西部大开发一揽子政策中,识别减税政策的效应。因此,为检验政策通过减税渠道影响企业 TFP 的传导机制,本书构建了联立方程组。方程组分两阶段来检验西部大开发减税政策是如何通过降低实际有效税率(ETR,使用企业所得税费用除以税前利润度量)影响企业的 TFP。第一阶段的实证模型设定为模型(4.1),模型(4.1)的被解释变量代表在城市 c、行业 k、第 t 年、第 i 个企业的企业所得税实际有效税率(ETR)。Treat 为政策哑变量,如果该企业在政策边界线的西边,则会受到西部大开发政策的影响,将其赋值为 1,对照组赋值为 0。另外,由于减税政策的开始时间为 2001 年,因此将整个样本按照 2001 年前后进行划分,赋值 YR 2001 =1 代表政策实施后(2001—2007 年),0 代表政策实施之前(1998—2000 年)。如果西部地区的企业能够享受西部大开发政策带来的所得税优惠政策,那模型(4.1) 中的系数 α 应该显著为负。第二阶段的模型(4.2) 中加入三交乘项 $\text{Treat}_i \times \text{year}_t \times \text{ETR}_{ickt}$,系数代表了由于企业所得税不同的差异对企业 TFP 产生的影响。如果政策是通过降低企业税率渠道,从而达到提高企业 TFP 的影响,那么 α_1 的系数应当显著为正。

同时本书还设计了两组安慰剂检验来对联立方程组进行重复估计。西部大开发减税政策仅仅是针对企业所得税的优惠减免,西部大开发政策只会对企业的所得税产生影响,而对于企业的营业税金以及增值税金都没有影响。因此,可以通过使用相同的模型对企业的营业税负和增值税负进行重复估计,政策如果对于企业的营业税和增值税没有产生任何影响，那么模型(4.1)的对于企业的营业税和增值税的估计系数应该在经济上和统计上都不显著。

$$ETR_{ickt}=\alpha Treat_i\times year_t+\beta_n X+\mu_i+\lambda_{ck}+\xi_{kt}+\varepsilon_{ickt} \quad (4.1)$$

$$TFP_{ickt}=\alpha_1 Treat_i\times year_t\times ETR_{ickt}+\alpha_2 Treat_i\times year_t+\alpha_3 ETR_{ickt}\times year_t+\mu_i+\lambda_{ct}+\xi_{kt}+\varepsilon_{ickt} \quad (4.2)$$

将上述两阶段方程组进行联合可得到本书基准DID回归模型：

$$TFP_{ickt}=\alpha Treat_i\times ETR_{ickt}\times YR\,2001+\beta_n X+\mu_i+\lambda_{ck}+\xi_{kt}+\varepsilon_{ickt} \quad (4.3)$$

其中，TFP_{ickt}代表在城市c、行业k、第t年、第i个企业的TFP；X代表一系列控制变量；ε_{ickt}代表其他随机干扰项。模型中μ_i代表企业i的固定效应，通过控制企业的固定效应，可以剔除企业不可观察的并且不随时间改变的某些效应对企业TFP的影响；λ_{ck}代表城市c与k行业交互作用的固定效应，可以控制城市层面、行业层面异质性不可观察不随时间变化的异质性特征；ξ_{kt}代表k行业和时间t交互作用的固定效应，可以控制时间t的固定效应，也可以控制由于样本期间内其他产业政策对企业TFP的影响。考虑到对同一个城市中的不同企业来说，方程中的随机扰动项之间可能存在相关性，回归的聚类稳健标准误全部设定在城市层面，允许随机扰动项ε_{ickt}在城市层面存在聚类。α的系数则表示能够获得税收政策对企业i生产率的净影响，如果减税政策对企业的生产率有促进作用，那么α的系数会显著为正。

核心被解释变量TFP_{ickt}使用企业TFP来衡量。在计算工业企业的生产效率时，采用LP法进行测算。同时，本书也将使用索罗残差固定效应方法计算出的TFP作为稳健性检验。依据既有的企业生产率影响因素的研究文献，在实证模型中，我们考虑了会对企业生产率造成影响的相关控制变量X，包括企业规模(ln_size)、企业的资产负债率(lev)、资产报酬率(roa)、企业出口规模(ln_ex)和企业获得政府补贴收入(ln_faid)。

平行趋势假设是DID的实证前提，虽然在图4.1已经可以看出边界线两侧的市平行趋势假设基本成立，但为了更加严谨地检验边界线两侧的企业是否满足平行趋势假设，本书构造模型(4.4)来其考察时间动态效应。其中$year_t$表示年份等于1999年到2007年(除了1998年，因为需要将1998年作为基准参照组）的9个时间哑变量，因此α_t可以表示1999年到2007年每年东西部企业TFP的差异。在这一检验中，一方面通过观察前两年系数的大小以及显著性，检验政策边界线两侧样本在西部大开发前是否存在显著差异；另一方面，能够得到2001—2007年之后每一年西部大开发减税政策对于企业TFP的影响。由于企业TFP提升的变化是一个长期动态积累的过程，因此预计减税政策对于企业TFP的影响不会即刻体现出来，而是会随着时间的推移慢慢显现。

$$\mathrm{TFP}_{ickt}=\sum_{t=1999}^{2007}\alpha_t \mathrm{Treat}_i\times \mathrm{ETR}_{ickt}\times \mathrm{year}_t+\beta_n X+\mu_i+\lambda_{ck}+\xi_{kt}+\varepsilon_{ickt} \tag{4.4}$$

目前的识别策略中，本书使用了西部大开发减税政策作为政策冲击，观察减税政策前后企业TFP的变化，但是由于西部大开发减税政策只是针对鼓励类产业的减税优惠政策，对某些限制类行业并没有减税政策优惠，因此，通过西部大开发政策官方文件中的税收优惠政策产业目录，构建三重差分模型进一步识别减税政策的效果，尽可能地排除其他竞争性假说。根据《财政部、国家税务总局、海关总署关于西部大开发税收优惠政策问题的通知》中的产业目录（以下简称《产业目录》）内的相关行业才能够享受西部大开发税率降低的政策优惠。

将《产业目录》中规定的行业与工业企业数据库中的2位行业代码相互校对，得到企业是否属于税收优惠行业的变量(Ind_treat)。设定如下三重差分(DDD)的模型（具体设定见模型4.5）对企业的税收效应做稳健性检验。回归中的三重差分项α_1能够捕捉企业TFP的减税政策效果，在一定程度上尽可能地排除其他竞争性假说。

$$\begin{aligned}\mathrm{TFP}_{ickt}=&\alpha_1 \mathrm{Treat}_i\times \mathrm{ETR}_{ickt}\times \mathrm{YR\ 2001}\times \mathrm{Ind\_treat}+\\&\alpha_2 \mathrm{Treat}_i\times \mathrm{YR\ 2001}+\alpha_3 \mathrm{Treat}_i\times \mathrm{Ind\_treat}+\\&\alpha_4 \mathrm{YR\ 2001}\times \mathrm{Ind\_treat}+\beta_n X+\mu_i+\lambda_{ck}+\xi_{kt}+\varepsilon_{ickt}\end{aligned} \tag{4.5}$$

第二节　西部大开发财税政策对企业生产率的总体影响检验

一、西部大开发财税政策对企业 TFP 的初步检验

表 4.1 列示 DID 模型(1) 的检验结果，可以发现，在不加入其他控制变量时，西部大开发政策影响企业 TFP 的估计系数为 0.145，且通过 1% 水平的显著性检验，这说明西部大开发政策能够显著的提升企业 TFP。这也与 Warner 指出的西部大开发政策增加了省界附近西部县域 GDP 的结论相一致。在加入各种控制变量后，西部大开发政策对企业 TFP 影响的估计系数有所降低，但其系数依然显著为正。同样可以看出，西部大开发政策对边界市和边界县的企业 TFP 均显著为正，实证结果与前文理论分析及统计性分析相一致。

表 4.1　西部大开发政策效果的初步检验

	边界市回归结果			边界县回归结果		
	企业全要素生产率(tfp_lp)			企业全要素生产率(tfp_lp)		
	(1)	(2)	(3)	(4)	(5)	(6)
政策效果	0.145 * * * (0.039)	0.059 * * (0.029)	0.069 * * * (0.025)	0.174 * * (0.076)	0.122 * * (0.057)	0.122 * * (0.048)
企业规模		0.371 * * * (0.007)	0.397 * * * (0.006)		0.318 * * * (0.014)	0.392 * * * (0.012)
资产负债率		−0.185 * * * (0.025)	−0.333 * * * (0.020)		−0.089 * (0.048)	−0.272 * * * (0.038)
净资产收益率		0.793 * * * (0.013)	0.720 * * * (0.012)		0.737 * * * (0.024)	0.658 * * * (0.023)
员工人数		0.163 * * * (0.008)	0.173 * * * (0.007)		0.248 * * * (0.017)	0.217 * * * (0.015)

续表

	边界市回归结果 企业全要素生产率(tfp_lp)			边界县回归结果 企业全要素生产率(tfp_lp)		
	(1)	(2)	(3)	(4)	(5)	(6)
企业出口规模		0.035 * * * (0.002)	0.014 * * * (0.002)		0.050 * * * (0.004)	0.016 * * * (0.003)
常数项	5.980 * * * (0.019)	1.583 * * * (0.051)	1.127 * * * (0.059)	5.729 * * * (0.035)	1.459 * * * (0.104)	0.951 * * * (0.106)
行业效应	否	否	是	否	否	是
地区效应	否	否	是	否	否	是
年份效应	否	否	是	否	否	是
样本数	66 864	66 864	66 864	17 065	17 065	17 065
R-squared	0.065	0.401	0.523	0.073	0.399	0.560

注:其中(1),(2),(3) 列是选取中西部省界分解线两边的城市的企业作为样本进行回归的结果,后三列是选取中西部省界分解线两边的县域的企业作为样本进行回归的结果。其中(1) 列和(4) 列表示不加入任何控制变量时,西部大开发政策对企业全要素生产率的影响;(2) 列和(5) 列是加入企业层面控制变量的估计结果;(3) 列和(6) 列是加入企业层面和行业、地区效应控制变量的结果。括号内数字为纠正了异方差后的稳健 t 统计量;* * *、* * 和 * 分别表示在 1%、5% 和 10% 的显著性水平下通过的显著性检验。后文中回归表格中的注解均与此相同,限于篇幅略去。

二、西部大开发财税政策对企业 TFP 影响的动态效应分解

表 4.2 列示的模型(2) 的检验结果表明,西部大开发政策在前三年对企业 TFP 的影响系数虽为正值,但在统计上并不显著,而从 2005 年开始,系数越来越大且统计性变得显著。这说明西部大开发政策对企业 TFP 的正向作用具有持续性,且影响程度随着时间不断增强。可能的解释是,西部大开发战略第一阶段是以基础设施建设为主,企业能够享受更好的基础设施条件(如高速公路、工业园区配套设施等),使得其运营成本降低,从而提升其 TFP,但基础设施的建设周期较长,因此企业的 TFP 并无法迅速提升。另外,企业 TFP 的变化是一个长期积累的过程,西部大开发政策也会随着时间的推

移而更加完善，更加有利于企业发展，进一步有利于企业 TFP 的提升。同样地，边界县样本的回归结果也验证了结论的稳健性。

表 4.2　西部大开发政策效果的动态效应

	边界市回归结果			边界县回归结果		
	企业全要素生产率(tfp_lp)			企业全要素生产率(tfp_lp)		
	(1)	(2)	(3)	(4)	(5)	(6)
2002 年	0.093 * *	0.048	0.039	0.042	−0.001	0.039
	(0.047)	(0.036)	(0.033)	(0.095)	(0.076)	(0.075)
2003 年	0.104 * *	0.026	0.053	0.099	0.032	0.059
	(0.049)	(0.038)	(0.034)	(0.093)	(0.074)	(0.091)
2004 年	0.179 * * *	0.015	0.053	0.212 * *	0.006	0.033
	(0.049)	(0.038)	(0.033)	(0.096)	(0.073)	(0.074)
2005 年	0.272 * * *	0.187 * * *	0.188 * * *	0.501 * * *	0.346 * * *	0.296 * * *
	(0.050)	(0.039)	(0.035)	(0.095)	(0.077)	(0.082)
2006 年	0.250 * * *	0.150 * * *	0.140 * * *	0.442 * * *	0.335 * * *	0.271 * *
	(0.048)	(0.037)	(0.034)	(0.093)	(0.075)	(0.135)
2007 年	0.403 * * *	0.267 * * *	0.246 * * *	0.500 * * *	0.369 * * *	0.325 * * *
	(0.047)	(0.038)	(0.034)	(0.091)	(0.073)	(0.116)
控制变量	是	是	是	是	是	是
行业效应	否	否	是	否	否	是
地区效应	否	否	是	否	否	是
年份效应	否	否	是	否	否	是
样本数	66 864	66 864	66 864	17 065	17 065	17 065
R-squared	0.045	0.461	0.583	0.093	0.459	0.660

三、西部大开发财税政策影响企业TFP的机制检验

表4.3、4.4、4.5列示了对模型(3)的检验结果。由表4.3可知，在不加入其他控制变量时，西部大开发政策对企业获得财政补贴的影响系数为0.470，且通过1%水平的显著性检验，这说明西部大开发政策能够显著增加企业获得的财政补贴；在加入各种控制变量后，该结论依然稳健。在西部大开发政策下，中央不仅加大了对西部地区的财政转移支付，还加强了对西部地区企业的扶持力度，这使得西部企业能够获得的政府财政补贴收入显著高于中部地区。

值得注意的是，与边界市的企业相比，边界县的企业获得了更多的财政补贴。然而，额外获得的财政补贴是否能够增加企业TFP，需要进一步实证检验。

表4.3　西部大开发政策对企业财政补贴的影响

	边界市回归结果			边界县回归结果		
	政府补贴(ln_faid)			政府补贴(ln_faid)		
	(1)	(2)	(3)	(4)	(5)	(6)
政策效果	0.470 * * * (0.163)	0.465 * * * (0.166)	0.371 * * (0.183)	0.835 * * (0.354)	0.884 * * (0.359)	0.930 * * (0.386)
控制变量	是	是	是	是	是	是
行业效应	否	否	是	否	否	是
地区效应	否	否	是	否	否	是
年份效应	否	否	是	否	否	是
样本数	66 864	66 864	66 864	17 065	17 065	17 065
R-squared	0.015	0.212	0.383	0.033	0.293	0.351

由表4.4的回归结果可知，西部大开发政策对企业获得财政补贴的影响系数为−2.003，且通过5%的显著性水平检验。如果按照名义税率来看，西部地区企业可以享受15%的税率，而中部地区企业2007年以前的名义税率是33%，因此，回归结果显示西部企业实际税负比中部地区企业低2倍。这说明西部大开发政策能够显著减少企业的税费负担，这一结论在加入各种控制变量后依然成立。与

边界市的企业相比，边界县的企业税负因西部大开发政策而降低的程度较小。这一方面与前文财政补贴效应中的结论相呼应，另一方面可能是由于县里的税源比较固定，县级政府为完成每年的财政税收任务，往往会通过增加税收稽查力度来获得更多税收，从而造成这一现象。

表 4.4　西部大开发政策对企业税负的影响

	边界市回归结果			边界县回归结果		
	企业实际税负（ETR）			企业实际税负（ETR）		
	（1）	（2）	（3）	（4）	（5）	（6）
政策效果	－2.003 **	－2.065 **	－2.286 **	－1.246 **	－1.484 ***	－1.257 **
	（0.900）	（0.905）	（0.963）	（0.513）	（0.516）	（0.489）
控制变量	是	是	是	是	是	是
行业效应	否	否	是	否	否	是
地区效应	否	否	是	否	否	是
年份效应	否	否	是	否	否	是
样本数	66 864	66 864	66 864	17 065	17 065	17 065
R-squared	0.075	0.433	0.549	0.081	0.432	0.598

表 4.5 列示了企业税负和企业补贴对企业全要素生产率的影响，在加入中介变量后，西部大开发政策效应的估计系数在统计上和经济上都有所降低，说明企业税负和企业补贴确实是西部大开政策影响企业全要素生产率的渠道，而该项没有变的完全不显著，说明西部大开发政策除了通过企业税负和企业补贴影响全要素生产率外，还存在其他的影响渠道。实证结果显示，企业获得的政府补贴越多，企业的全要素生产率就越低，这是因为企业获得了更多的政府补贴，使其减少了倒闭风险，企业经理更加缺乏动力去改善经营管理，导致企业生产率降低。而企业的税负与企业全要素生产率显著负相关，这说明政府的税收对于企业生产率有着扭曲效应，通过减税，企业的资金负担大大降低，每年的盈利能够保留更多在企业中，使得企业有更多的资金可以进行研发行为、提升管理效率等，可以进一步促进企业全要素生产率的提高。

表 4.5　企业全要素的影响机制分析

	边界市回归结果			边界县回归结果		
	企业全要素生产率(tfp_lp)			企业全要素生产率(tfp_lp)		
	(1)	(2)	(3)	(4)	(5)	(6)
政策效果	0.070***	0.063**	0.065**	0.125***	0.119**	0.122**
	(0.025)	(0.025)	(0.025)	(0.048)	(0.048)	(0.048)
财政补贴	−0.005***		−0.004***	−0.003***		−0.003***
	(0.001)		(0.001)	(0.001)		(0.001)
企业实际税负		−0.002***	−0.002***		−0.003**	−0.003**
		(0.001)	(0.001)		(0.001)	(0.001)
控制变量	是	是	是	是	是	是
行业效应	是	是	是	是	是	是
地区效应	是	是	是	是	是	是
年份效应	是	是	是	是	是	是
样本数	66 864	66 864	66 864	17 065	17 065	17 065
R-squared	0.525	0.524	0.526	0.562	0.561	0.562

四、西部大开发财税政策对不同所有制企业 TFP 的异质性分析

由表 4.6 可以看出，国有企业与政策的交乘项系数显著为负，表明西部大开发政策对国有企业 TFP 起到负向作用，国有企业在政策实施过程中所获得的盈利显著低于其他所有制企业。

可能的原因是：首先，国有企业能够依靠天然的政治关联获得更多的政府补贴，这些政府补贴会弱化西部大开发政策对国有企业 TFP 的提升；其次，国有企业的实际税负轻于非国有企业，在西部大开发政策给予的税收优惠环境下，税负下降的空间没有非国有企业多；最后，西部大开发政策吸引了更多的民营企业和外资企业，加剧了西部的市场竞争，国有企业的市场反应能力弱于非国有企业，这也使得国有企业的盈利能力进一步下降。

表 4.6　政策对不同所有制企业的异质性影响

	边界市回归结果			边界县回归结果		
	企业全要素生产率(tfp_lp)			企业全要素生产率(tfp_lp)		
	国有企业	民营企业	外资企业	国有企业	民营企业	外资企业
	(1)	(2)	(3)	(4)	(5)	(6)
政策效果	−0.025	0.084	0.286***	−0.007	0.273***	0.574***
	(0.033)	(0.052)	(0.075)	(0.064)	(0.093)	(0.139)
控制变量	是	是	是	是	是	是
行业效应	是	是	是	是	是	是
地区效应	是	是	是	是	是	是
年份效应	是	是	是	是	是	是
样本数	24 308	28 635	10 898	7 105	7 414	1 749
R-squared	0.600	0.342	0.484	0.601	0.383	0.538

因此，应当进一步加大西部大开发的政策力度，更多地进行税制方面的优惠设计，吸引更多的优质企业进驻西部地区，加强市场化竞争，从而优化市场环境，促进西部地区长远发展。

五、稳健性检验

为确保本书实证结果的科学性和客观性，从以下几个方面进行稳健性检验。

首先，本书更换 TFP 的计算方法，使用索罗固定效应模型方法计算 TFP，而后进行实证检验。回归结果见表 4.7，与原方法的估计结果十分相似，并没有发生太大变化，一定程度上说明估计结果的稳健性。

表 4.7　更换 TFP 的计算方法进行稳健性检验

	边界市回归结果			边界县回归结果		
	企业全要素生产率(tfp_lp)			企业全要素生产率(tfp_lp)		
	(1)	(2)	(3)	(4)	(5)	(6)
政策效果	0.024	0.079***	0.065***	0.151***	0.163***	0.131**
	(0.027)	(0.025)	(0.024)	(0.053)	(0.049)	(0.065)

续表

	边界市回归结果			边界县回归结果		
	企业全要素生产率(tfp_lp)			企业全要素生产率(tfp_lp)		
	(1)	(2)	(3)	(4)	(5)	(6)
控制变量	是	是	是	是	是	是
行业效应	否	否	是	否	否	是
地区效应	否	否	是	否	否	是
年份效应	否	否	是	否	否	是
样本数	66 864	66 864	66 864	17 065	17 065	17 065
R-squared	0.088	0.641	0.729	0.093	0.619	0.770

其次，本书可能面临样本自选择问题，即西部大开发政策并没有增加企业 TFP，本书观察到的政策对于企业 TFP 的正向作用是来源于政策吸引了更多企业进入，而进入的这些企业本就具有较高的 TFP，同时，政策对原来的企业并没有影响，最终本书看到的正向显著效应来源于新进入的企业。对此，本书解释如下：第一，如果政策能够吸引更多自身具有较高 TFP 的企业进入西部，从而提升了西部地区整体 TFP，这一过程中包含的技术外溢和集聚效应等也应属于西部大开发政策的效果之一，不能否认政策通过吸引新企业进入这一途径所产生的影响；第二，使用 1998—2007 年一直存续的企业（在样本期内无进入或退出效应）作为子样本进行回归，通过平衡面板进行实证（表 4.8），发现回归系数依然显著为正。

表 4.8 使用平衡面板进行的稳健性检验

	边界市回归结果			边界县回归结果		
	企业全要素生产率(tfp_lp)			企业全要素生产率(tfp_lp)		
	(1)	(2)	(3)	(4)	(5)	(6)
政策效果	0.171 **	0.138 **	0.130 *	0.196 *	0.165	0.240 **
	(0.074)	(0.067)	(0.067)	(0.111)	(0.116)	(0.114)
控制变量	是	是	是	是	是	是
行业效应	否	否	是	否	否	是
地区效应	否	否	是	否	否	是

续表

	边界市回归结果 企业全要素生产率(tfp_lp)			边界县回归结果 企业全要素生产率(tfp_lp)		
	(1)	(2)	(3)	(4)	(5)	(6)
年份效应	否	否	是	否	否	是
样本数	30 625	30 625	30 625	8 346	8 346	8 346
R-squared	0.125	0.621	0.868	0.133	0.652	0.743

最后，为了排除异常值的影响，对本书的各个变量进行 1% 的缩尾处理，估计结果依然稳健。

第三节　西部大开发减税政策影响企业生产率的初步检验

一、对企业所得税减免的验证性检验

表 4.9 列示模型(4.1) 第一阶段的估计结果，(1) 列和(2) 列的被解释变量是企业所得税有效税率 ETR，此处要说明的是，名义税负是现行税制所规定的、理论上应当达到的税负水平。而实际税负则是税务部门的征管能力能够实现的、实际达到的税负水平。两者通常存在较大差别，所以此处并未直接采用 15% 的规定值。采用企业所得税实际有效税率作为被解释变量的回归结果表明，关键解释变量的估计系数为 －0.013 4，其经济学含义是，相对于企业所得税有效税率均值(0.116) 而言，西部大开发政策使得西部企业所得税有效税率下降了 11.5%(0.013 4/0.116)。考虑到企业的实际税率本身低于名义税率，有效税率的下降幅度比名义税率高也是比较正常的。

这也说明，西部大开发的减税政策的名义税率下降使得企业的实际所得税有效税率下降，企业确实能够享受到低所得税税率的优惠政策。(3) 列和(4) 列的被解释变量是企业增值税有效税率(EVTA)，回归结果显示，西部企业与东部企业在 2001 年前后企业增值税有效税率并没有太大变化。(5) 列和(6) 列的被解释变量是企业营业税有效税率(Esale)，回归结果在经济上和统计上都不显

著，这也表明西部地区企业所得税的系统性下降并不是偶然现象，而是由西部大开发区域减税政策导致的。

表 4.9 西部大开发政策影响企业有效所得税率(第一阶段)

被解释变量	(1) ETR	(2) ETR	(3) EVTA	(4) EVTA	(5) Esale	(6) Esale
Treat × YR 2001	−0.014 7 ***	−0.013 4 ***	−0.001 49	−0.001 13	−0.000 136	0.000 166
	(0.003 89)	(0.004 04)	(0.001 06)	(0.001 06)	(0.000 566)	(0.000 574)
Observations	88 038	88 038	88 038	88 038	88 038	88 038
R-squared	0.536	0.548	0.505	0.533	0.681	0.690
City FE	控制	控制	控制	控制	控制	控制
Year FE	控制	控制	控制	控制	控制	控制
Industry FE	控制	控制	控制	控制	控制	控制
Firm FE	控制	控制	控制	控制	控制	控制
City × Industry FE	不控制	控制	不控制	控制	不控制	控制
Industry × Year FE	不控制	控制	不控制	控制	不控制	控制

注：由于企业所在的城市和行业一般都不发生变化，因此实际上在控制企业固定效应后城市和行业的固定效应就不需要再控制了；括号内数字为在城市层面聚类，并纠正了异方差后的稳健标准误；***、** 和 * 分别表示检验的显著性水平为 1%、5% 和 10%。

表 4.10 是对模型(4.2) 第二阶段的估计结果，被解释变量为企业的 TFP，在(1) 列和(2) 列中需要关注的是 Treat × YR 2001 × ETR 三交乘的估计系数 0.510(0.132)，区域减税政策对企业 TFP 的影响是正向显著的，且在企业所得税率更高的组别作用更大。当企业面临更高的企业所得税实际税率时，同样幅度的减税经济效果对于这些企业将会更加明显。(3) 列和(4) 列的三交乘 Treat × YR 2001 ×EVTA 以及(5) 列和(6) 列的三交乘项 Treat × YR 2001 × Esale 的回归结果在经济上和统计上都不显著，表明所得税的减税政策对企业 TFP 的影响在不同增值税和营业税的组别没有显著差异。

表 4.10　减税政策影响企业 TFP(第二阶段)

TFP	(1)	(2)	(3)	(4)	(5)	(6)
Treat × YR 2001	0.129 ***	0.046 1 *	0.096 3 *	0.053 8	0.128 ***	0.057 5 **
	(0.030 8)	(0.025 8)	(0.051 4)	(0.038 5)	(0.032 2)	(0.025 8)
Treat × YR 2001 × ETR	0.510 ***	0.132 **				
	(0.079 0)	(0.055 9)				
Treat × YR 2001 × EVTA			0.806	0.372		
			(0.770)	(0.492)		
Treat × YR 2001 × Esale					0.511	0.992
					(0.765)	(0.607)
Observations	88 038	88 038	88 038	88 038	88 038	88 038
R-squared	0.291	0.852	0.273	0.851	0.275	0.851
City FE	控制	控制	控制	控制	控制	控制
Year FE	控制	控制	控制	控制	控制	控制
Industry FE	控制	控制	控制	控制	控制	控制
Firm FE	控制	控制	控制	控制	控制	控制
City × Industry FE	不控制	控制	不控制	控制	不控制	控制
Industry × Year FE	不控制	控制	不控制	控制	不控制	控制

注:括号内数字为在城市层面聚类,并纠正了异方差后的稳健 t 统计量;***、** 和 * 分别表示检验的显著性水平为 1%、5% 和 10%。

二、西部大开发减税政策影响企业 TFP 的估计结果

表 4.11 列示 DID 基准模型(4.3) 的检验结果,表中(1) 列是在只控制年份固定效应时的结果,减税政策使得西部企业的 TFP 相对于非西部没有减税政策的企业而言提升了 21.5%。这样的结果与 Warner 指出的西部大开发政策使得省界附近西部县域 GDP 增加了 19.69% 的结论类似。在表 4.11 的(2) 列至(6) 列中,我们进一步添加了更为严格的固定效应,结果显示,减税政策对企业 TFP 影响的系数依然显著为正且稳定在 7% 左右,即 1% 的税率下降能够使得

西部边界市的企业 TFP 平均提高 0.38% ～ 0.75%。

表 4.11　西部大开发区域减税政策影响企业生产率的基准回归结果

TFP	(1)	(2)	(3)	(4)	(5)	(6)
Treat × ETR × YR 2001	0.215 *** (0.031 5)	0.203 *** (0.029 6)	0.135 *** (0.030 1)	0.061 6 *** (0.023 3)	0.061 0 *** (0.023 6)	0.071 2 *** (0.024 1)
Observations	88 038	88 038	88 038	88 038	88 038	88 038
R-squared	0.105	0.227	0.271	0.843	0.847	0.851
City FE	不控制	不控制	控制	控制	控制	控制
Year FE	控制	控制	控制	控制	控制	控制
Industry FE	不控制	控制	控制	控制	控制	控制
Firm FE	不控制	不控制	不控制	控制	控制	控制
City × Industry FE	不控制	不控制	不控制	不控制	控制	控制
Industry × Year FE	不控制	不控制	不控制	不控制	不控制	控制

注:括号内数字为在城市层面聚类,并纠正了异方差后的稳健 t 统计量;***、** 和 * 分别表示检验的显著性水平为 1%、5% 和 10%。

至此,本书的回归结果表明西部大开发区域减税政策在总体上提升了企业生产率水平,该结论在控制了企业、行业、城市等层面的因素之后依旧稳健。那接下来自然而然的问题是:西部大开发区域减税政策影响企业生产率的作用机制能否得到验证?前文描述性统计中发现的不同地区、行业和不同特征的企业受到减税政策冲击后产生的异质性作用效果是否在经验检验中能够显著?其深层次的原因是什么?

第四节　西部大开发减税政策影响企业生产率的机制检验

一、缓解企业融资约束

为验证缓解企业融资约束这一作用机制,本书选取 Hadlock 和 Pierce 构建的外生性很强的 SA 指数:$-0.37 \times Size + 0.043 \times Size^2 - 0.04 \times Age$,来测度企业的融资约束,主要的原因如下:第一,SA 指数并没有包含具有内生性的融资变量；第二，SA 指数具有很强的操作性，便于计算，由于本书采用的是非上市公司数据，没有股利支付及托宾 Q 等指标，很难计算完整的 KZ 指数；第三，SA 指数相对比较稳健，且与现使用的 WW 指数、现金－现金流敏感度的结果具有高度一致性。

如表 4.12 所示，(1) 列至(7) 列为将模型(4.3) 被解释变量换为计算的企业 SA 指数后，逐一对控制变量进行控制的估计结果，回归结果显示西部大开发区域减税政策缓解西部企业的融资约束相对于非西部没有减税政策的企业而言得到了显著改善，随着控制的变量逐渐增加，估计系数相对减小，但依旧显著，一定程度上说明了该结论的稳健性。

表 4.12　机制检验：缓解企业融资约束

变量	(1)	(2)	(3)	(4)	(5)	(6)	(7)
Treat×ETR×YR 2001	4.422e+08*** (1.440e+08)	1.912e+08 (1.419e+08)	5.215e+08*** (1.611e+08)	2.592e+08** (1.319e+08)	2.594e+08* (1.332e+08)	2.238e+08* (1.257e+08)	2.238e+08* (1.257e+08)
Observations	88 038	88 038	88 038	88 038	88 038	88 038	88 038
R-squared	0.001	0.037	0.047	0.915	0.919	0.921	0.921
City FE	不控制	不控制	控制	控制	控制	控制	控制
Year FE	控制	控制	控制	控制	控制	控制	控制
Industry FE	不控制	控制	控制	控制	控制	控制	控制
Firm FE	不控制	不控制	不控制	控制	控制	控制	控制
City×Industry FE	不控制	不控制	不控制	不控制	控制	控制	控制
Industry×Year FE	不控制	不控制	不控制	不控制	不控制	控制	控制

注：括号内数字为在城市层面聚类，并纠正了异方差后的稳健 t 统计量；***、** 和 * 分别表示检验的显著性水平为 1%、5% 和 10%。为检验的稳健性和严格性，表中(7) 列额外加入了企业规模、企业的资产负债率、资产报酬率、企业出口规模、企业获得政府补贴收入等控制变量。

西部大开发区域减税政策可以冲抵融资约束，进而对生产率起到平滑作用。受融资约束的企业难以获得外部融资，或者需要付出高额的成本，从而影响企业最优决策，最终扭曲市场资源配置，降低企业生产率。减税政策的目的在于改善市场竞争环境、扶持企业发展以及提升生产率水平，平滑作用主要体现在两方面：一是对冲营运资金短缺；二是促进研发投入的增加。西部大开发区域减税政策可以冲抵企业融资约束，企业享受减税政策后，等同于用其非自有资金进行研发投入，可以刺激企业进行研发资本投入，同时可以产生创新投入的外溢效应，从而对企业生产率产生提升作用，这也验证了前文的研究假设 1。

二、增加企业可支配利润

在前文提到的第二条作用机制中，我们认为企业税收减免将直接减少企业的税收负担，增加企业的可支配利润，进而通过提高研发资本投入、进出口决策、增强人力资本培养、更新厂房设备等几个方面影响企业的 TFP。由于减税政策带来的企业经营决策变化是众多的，而本书的重点在于分析减税政策对于企业生产率的最终影响，为了提供减税政策确实会使得企业经营决策发生变化的侧面证据，本书选取了企业人力资本、投资决策以及进出口决策三个方面对企业受到税收优惠前后的变化进行分析。

回归结果见表 4.13 所列，(1) 列为将模型(4.3) 被解释变量换为企业的人力资本总支出(用企业支付的总工资对数衡量) 进行估计的结果，回归结果显示减税政策使得西部企业的人力资本总支出相对于非西部没有减税政策的企业而言显著提升了 7.42%。(2) 列为将模型(4.3) 被解释变量换为企业的人力资本人均支出(用企业支付的人均工资对数衡量) 进行估计的结果，回归结果显示减税政策使得西部企业的人力资本总支出相对于非西部没有减税政策的企业而言显著提升了 3.58%。(3) 列为将模型(4.3) 被解释变量换为企业的劳动力投资(用企业的就业人数对数衡量) 进行估计的结果，回归结果显示减税政策使得西部企业的劳动力投资相对于非西部没有减税政策的企业而言显著提升了 3.86%。(4) 列为将模型 3 被解释变量换为企业的固定资产投资(用企业本年的固定资产净值减去去年固定资产净值衡量) 进行估计的结果，回归结果显示减税政策使得西部企业的劳动力投资相对于非西部没有减税政策的企业而言显著提升了580 200元。(5)列、(6)列为将模型(4.3)被解释变量换为企业的是否出口、出口规模进行估计的结果,回归结果显示减税政策没有使得企业出口决策发生显著变化。总而言之,直接效应的细分指标检验表明,企业减税直接效应主要来源于减税政策显著提升了企业对于人力资本、员工规模、固定资产的投资,而对于企业的进出口决策并未发现显著影响。

表 4.13　机制检验:增加企业可支配利润

变量	(1) lnwage	(2) lnperwage	(3) employ	(4) invest	(5) Dex	(6) ln_ex
Treat × ETR × YR 2001	0.074 2 ***	0.035 8 **	0.038 6 ***	580.2 **	0.001 50	0.018 2
	(0.019 7)	(0.015 5)	(0.009 88)	(280.2)	(0.005 14)	(0.043 5)
Observations	88 038	88 038	88 038	48 752	88 038	88 038
R-squared	0.893	0.716	0.931	0.382	0.738	0.764
City FE	控制	控制	控制	控制	控制	控制
Year FE	控制	控制	控制	控制	控制	控制
Industry FE	控制	控制	控制	控制	控制	控制
Firm FE	控制	控制	控制	控制	控制	控制
City × Industry FE	控制	控制	控制	控制	控制	控制
Industry × Year FE	控制	控制	控制	控制	控制	控制

注:括号内数字为在城市层面聚类,并纠正了异方差后的稳健标准误;***、** 和 * 分别表示检验的显著性水平为1%、5% 和 10%。

西部大开发区域减税政策使得企业可支配利润增加,进而可能使得企业通过人力资本积累、提高薪资、投资新厂房设备、更新陈旧的基础设施等措施提高企业生产率,这在一定程度上验证了前文的研究假设 2。

三、吸引企业集聚产生学习效应和选择效应

为了检验减税政策的选择效应,本书通过比较 2001 年之后西部新进入企业的 TFP 是否更高来验证企业进入效应的存在。我们将成立时间在 2001 年之后的企业定义为新企业(其他企业视为存续企业)并进一步将样本拆分成西部和非西部样本,在新进入企业的

TFP层面上对比新进入企业在选择进入东西部地区的核密度分布特征。由于这部分新进入的企业在政策前是不存在的，所以无法在实证上使用DID模型对这部分样本进行回归估计，只能通过对比一些基本数据提供进一步的证据。如表4.14、图4.2所示，西部新进入企业的TFP均值为6.905，显著高于中部新进入企业TFP均值6.823，并且经过T检验后发现，这种差异是显著的。我们在表4.16中也将中部存续企业纳入进来作为参照组，中部存续企业是没有受到减税政策影响的组，其代表了假如没有减税政策发生，企业TFP的分布情况，我们发现西部新进入企业确实具有更高的TFP。

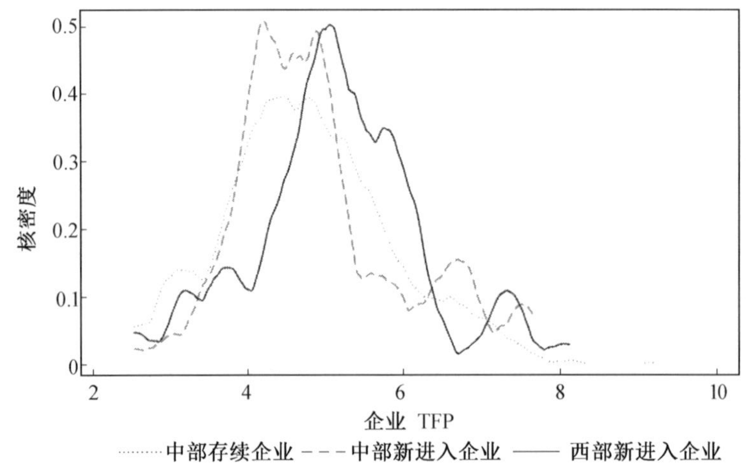

图 4.2　新进入企业 TFP 分东西部核密度分布图

表 4.14　选择效应检验：新进入企业的 TFP 对比

TFP	(1) 中部存续企业	(2) 西部新进入企业	(3) 中部新进入企业	(4) T检验
均值	6.452	6.905	6.823	0.082***
标准误				(0.017)
样本数	46 382	5 838	16 501	

注：***、**和*分别表示检验的显著性水平为1%、5%和10%。

然而是否仅仅因为减税政策吸引了更多的高效率企业而使得西部企业的TFP均值高于中部企业呢？为了消除这样的疑虑，我们进一步将企业的样本区分出新进入企业和存续企业来对结果进行分析，如果存续企业的 TFP 也有了提升，那么说明减税政策不仅仅只存在选择效应。

表 4.15 是只对存续企业，按照模型(4.3) 估计的结果：其中(1) 列和(2) 列是将成立时间在 2001 年之前的企业定义为存续企业并只保留这部分存续企业样本进行回归的结果；(3) 列和(4) 列是将企业首次出现在样本内的时间为 2001 年之前(由于中国工业企业数据库中统计的企业规模要求规模 500 万元以上，因此这部分企业很可能是很早以前成立，但是在 2001 年之后才发展达到规模以上) 的企业定义为存续企业并只保留这部分存续企业样本进行回归的结果；(5) 列和(6) 列是最为严格将 1998—2007 年一直存续的企业作为子样本进行回归。从表 4.15 的结果可以看出，不管如何定义存续企业，减税政策对于存续企业的 TFP 都存在 6% ～ 13% 的显著正向影响，验证了学习效应。理论上来说，税收的选择效应应该在政策当期会十分明显，而学习效应则属于新企业进入带来的间接效应，在时间维度上会相对滞后。需要说明的是，减税政策能够直接提高存续企业 TFP 的这一实证结果与 Chaurey 对于印度减税政策对于印度存续工业企业 TFP 没有影响的研究结论并不一致，作者认为印度的减税政策并没有带来存续企业 TFP 的提高。

表 4.15　选择效应的检验：对于存续企业的效果检验

TFP	(1) 存续企业 1	(2) 存续企业 1	(3) 存续企业 2	(4) 存续企业 2	(5) 平衡面板	(6) 平衡面板
Treat × ETR × YR 2001	0.062 4 ***	0.072 4 ***	0.056 7 **	0.068 1 ***	0.136 ***	0.135 ***
	(0.023 4)	(0.024 3)	(0.023 4)	(0.024 4)	(0.045 8)	(0.046 4)
Observations	58 379	58 379	44 925	44 925	8 644	8 644
R-squared	0.856	0.864	0.861	0.872	0.828	0.849
City FE	控制	控制	控制	控制	控制	控制
Year FE	控制	控制	控制	控制	控制	控制
Industry FE	控制	控制	控制	控制	控制	控制

续表

TFP	(1) 存续 企业1	(2) 存续 企业1	(3) 存续 企业2	(4) 存续 企业2	(5) 平衡 面板	(6) 平衡 面板
Firm FE	控制	控制	控制	控制	控制	控制
City×Industry FE	不控制	控制	不控制	控制	不控制	控制
Industry×Year FE	不控制	控制	不控制	控制	不控制	控制

注:括号内数字为在城市层面聚类,并纠正了异方差后的稳健标准误;* * *、* * 和 * 分别表示检验的显著性水平为1%、5%和10%。

四、激励企业家创新创业

表4.16的回归结果是使用企业新产品产值作为被解释变量进行估计的结果,在不控制其他因素的情况下,西部大开发区域减税政策能够在一定程度上促进企业进行新产品创新。同时,表4.17的回归结果是使用企业新产品产值占营收的比重作为被解释变量进行估计的结果,在不控制其他因素的情况下,得出了相同的结论,西部大开发区域减税政策能够激励企业家创新创业。正如前文所述,西部大开发区域减税政策能够起到激励引导的作用,主要是对企业家活动的刺激,激励其进行创新创业。区域减税政策实施后,创业的企业家将能享受减税优惠产生的风险对冲效应。较低的税率能够使得企业家的创业回报率得到一定程度的提升,降低了新产品研发失败的机会成本,促进其进行产品创新。

表4.16　机制检验:激励企业家创新创业(新产品产值)

被解释变量	(1)	(2)	(3)	(4)	(5)	(6)	(7)
Treat×ETR×YR 2001	0.559 * * * (0.107)	0.449 * * * (0.104)	0.322 * * (0.143)	−0.124 (0.133)	−0.132 (0.135)	−0.094 4 (0.137)	−0.094 4 (0.137)
Observations	8 806	8 806	8 802	6 771	6 746	6 704	6 704
R-squared	0.045	0.110	0.156	0.855	0.864	0.876	0.876
City FE	不控制	不控制	控制	控制	控制	控制	控制
Year FE	控制	控制	控制	控制	控制	控制	控制

续表

被解释变量	(1)	(2)	(3)	(4)	(5)	(6)	(7)
Industry FE	不控制	控制	控制	控制	控制	控制	控制
Firm FE	不控制	不控制	不控制	控制	控制	控制	控制
City×Industry FE	不控制	不控制	不控制	不控制	控制	控制	控制
Industry×Year FE	不控制	不控制	不控制	不控制	不控制	控制	控制

注:括号内数字为在城市层面聚类,并纠正了异方差后的稳健t统计量;***、**和*分别表示检验的显著性水平为1%、5%和10%。表中(7)列额外加入了企业规模、企业的资产负债率、资产报酬率、企业出口规模、企业获得政府补贴收入等控制变量。

随着加入的控制变量越来越多,实证检验的条件越来越严格,表4.16中的估计系数开始变为负值,且不再能通过显著性检验,同时,表4.17中的估计系数也不再显著。这说明西部大开发区域减税政策能够促进企业家创新创业的这一结论并不能成立,也许在一定程度上减税政策确实存在促进作用,但严格来讲,由于企业家可能存在"短视"行为,减税政策对企业家创新创业活动并未能产生预想的效果。当然,这在一定程度上验证了前文的研究假设4。

表4.17　机制检验:激励企业家创新创业(新产品产值占营收比重)

	(1)	(2)	(3)	(4)	(5)	(6)	(7)
Treat×ETR×YR 2001	0.001 09 (0.001 36)	0.005 20*** (0.001 39)	−0.000 76 (0.002 36)	7.14e−05 (0.002 57)	−0.001 35 (0.002 44)	−0.001 65 (0.002 48)	−0.001 65 (0.002 48)
Observations	88 038	88 038	88 038	88 038	88 038	88 038	88 038
R-squared	0.000	0.033	0.056	0.658	0.669	0.672	0.672
City FE	不控制	不控制	控制	控制	控制	控制	控制
Year FE	控制	控制	控制	控制	控制	控制	控制
Industry FE	不控制	控制	控制	控制	控制	控制	控制
Firm FE	不控制	不控制	不控制	控制	控制	控制	控制

续表

	(1)	(2)	(3)	(4)	(5)	(6)	(7)
City × Industry FE	不控制	不控制	不控制	不控制	控制	控制	控制
Industry × Year FE	不控制	不控制	不控制	不控制	不控制	控制	控制

注：括号内数字为在城市层面聚类，并纠正了异方差后的稳健t统计量；＊＊＊、＊＊和＊分别表示检验的显著性水平为1%、5%和10%。表中(7)列额外加入了企业规模、企业的资产负债率、资产报酬率、企业出口规模、企业获得政府补贴收入等控制变量。

企业家享受到减税政策后，使得企业有了一定的利润“安全垫”，使其减少了倒闭风险，企业经理更加缺乏动力去改善经营管理，导致企业生产率降低。另外，受到减税政策的冲击后，企业将会面临一个博弈问题，是选择通过扩大再生产的方式还是通过研发创新的方式来获得更多市场份额、赚取更多的利润。如果短期内能通过扩大再生产的方式获取较高的收益，且同时企业不能够确定长期是否能够持续享受政策优惠或企业家缺乏长远计划的话，企业更愿倾向于通过简单粗暴的扩大再生产获取更多的利润。

值得注意的是，企业为了扩大再生产时能够保证获取相应的减税优惠可能会进行寻租活动或公关活动，这部分非生产性支出可能会对企业研发等实体投资产生挤出效应，进而减少研发创新活动，抑制企业 TFP 的提升。

五、减税政策的长期均衡效应

从长期动态视角来看，减税政策很可能存在长期一般均衡效应。理论上来说，由于减税政策所导致的繁荣经济效果可能会伴随产生劳动力成本上升、劳动力供给增加、土地租金成本上升等一般均衡效应，因此经济体在经过短期的减税效应后会重新在一个新的稳态附近收敛，其对于经济活动的刺激作用可能存在长期均衡效应。

表 4.18 为长期均衡模型(4.4)的检验结果，表 4.18(1)列是控制基本企业固定效应以及时间固定效应的结果。前三项系数 Treat ×YR 1999 到 Treat × YR 2001 的回归结果系数很小并且并不显著，这说明边界线两侧的企业在1999—2001这三年 TFP 并无显著

差异，即我们验证了平行性趋势成立，前文系数并非由两者之间固有差异所导致。

值得注意的是，随着时间的推移，回归系数和显著性水平出现先增大后减少的趋势，这说明减税政策对于企业 TFP 的影响随着时间推移会先增加后稳定，税收的刺激效应存在长期收敛的情况。更加直观的结果可以参考图 4.3，将表 4.18(3) 列的估计系数绘制到图上我们可以更加直观地看到，在 2001 年减税政策发生前后，享受减税政策的西部地区与不享受减税政策的东部地区全要生产率之差呈现出了先增后稳定的结果。

表 4.18　机制检验：减税政策的长期均衡效应

TFP	(1)	(2)	(3)
Treat × YR 1999	−0.049 6	0.004 41	0.002 34
	(0.033 7)	(0.024 1)	(0.024 7)
Treat × YR 2000	−0.012 6	0.025 3	0.020 7
	(0.038 5)	(0.029 0)	(0.029 6)
Treat × YR 2001	0.017 8	0.045 6	0.038 1
	(0.043 4)	(0.032 1)	(0.033 2)
Treat × YR 2002	0.016 0	0.067 9*	0.068 8*
	(0.045 4)	(0.034 7)	(0.035 8)
Treat × YR 2003	0.036 5	0.065 2*	0.069 9*
	(0.045 7)	(0.037 2)	(0.038 8)
Treat × YR 2004	0.082 8*	0.112***	0.175***
	(0.045 5)	(0.040 9)	(0.042 6)
Treat × YR 2005	0.176***	0.154***	0.153***
	(0.045 8)	(0.041 4)	(0.043 1)
Treat × YR 2006	0.158***	0.082 6*	0.107**
	(0.045 2)	(0.042 2)	(0.043 7)
Treat × YR 2007	0.238***	0.087 8**	0.141***
	(0.045 1)	(0.044 0)	(0.045 5)
Observations	88 038	88 038	88 038
R-squared	0.271	0.843	0.851
City FE	控制	控制	控制
Year FE	控制	控制	控制
Industry FE	控制	控制	控制

续表

TFP	(1)	(2)	(3)
Firm FE	不控制	控制	控制
City × Industry FE	不控制	不控制	控制
Industry × Year FE	不控制	不控制	控制

注:括号内数字为在城市层面聚类,并纠正了异方差后的稳健标准误;***、** 和 * 分别表示检验的显著性水平为1%、5%和10%。

图4.3为长期均衡模型(4.4)的检验结果,由图4.3可知,边界线两侧的企业在1999—2001这三年TFP并无显著差异,即验证了平行性趋势成立,前文系数并非由两者之间固有差异所导致。值得注意的是,随着时间的推移,回归系数和显著性水平出现先增大后减少的趋势,这说明减税政策对于企业TFP的影响随着时间推移会先增加后稳定,税收的刺激效应存在长期收敛。无论是古典经济学中的要素投入驱动经济增长,还是内生经济增长理论强调的技术进步驱动型经济增长,驱动经济增长的要素均存在边际效应递减的规律。区域减税政策能够在一定范围内、一定时期内对企业生产率产生促进作用,但伴随着劳动力、资金资本、土地租金等各种生产要素投入数量和质量的变化,其作用在长期而言是存在收敛的。

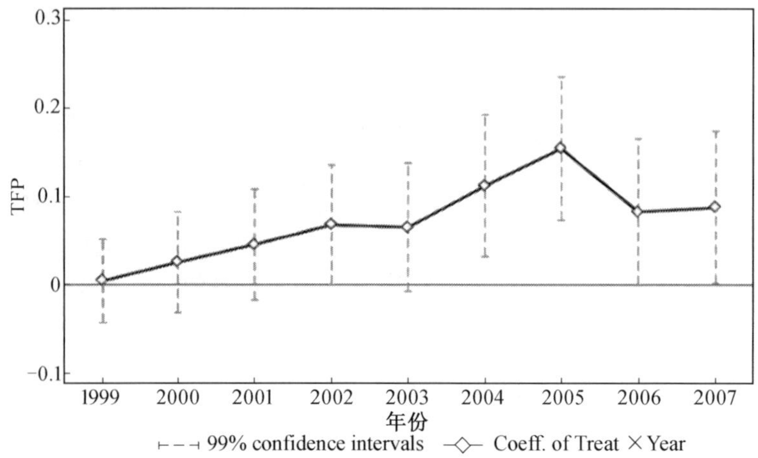

图 4.3　减税政策的动态效应

从长期动态视角来看,伴随着劳动力、资金资本、土地租金等各种生产要素投入数量和质量的变化,西部大开发区域减税政策对企业生产率的促进作用存在长期均衡效应。这也验证了前文的研究假设 5。

第五节　稳健性检验

本节对本书面临的其他可能存在的内生性问题进行了进一步的检验。主要通过以下三种方式:第一是对其他竞争性假说的排除,采用三重差分的方法验证西部大开发区域减税政策影响企业生产率的稳健性;第二是按企业是否盈利进行分组回归,如果企业当年没有实现盈利则不需要缴纳企业所得税,为防止该部分企业的影响,通过分组回归验证企业所得税优惠政策能够有效地为企业降低税收成本,使企业 TFP 上升;第三是更换被解释变量的计算方法,使用索罗固定效应模型方法计算出企业 TFP,而后进行实证检验,同时使用边界县的数据进行回归检验,验证结论的稳健性。

一、排除其他竞争性假说

目前的识别策略中,本书使用了西部大开发减税政策作为政策冲击,观察到减税政策前后企业 TFP 的变化,但是由于西部大开发减税政策只是针对鼓励类产业的减税优惠政策,对某些限制类行业并没有减税政策优惠,因此,通过西部大开发政策官方文件中的税收优惠政策产业目录,构建三重差分模型进一步识别减税政策的效果,尽可能地排除其他竞争性假说。根据《财政部、国家税务总局、海关总署关于西部大开发税收优惠政策问题的通知》,只有在《产业目录》内的相关行业才能够享受西部大开发税率降低的政策优惠。

首先,将《产业目录》中规定的行业与中国工业企业数据库中的 2 位行业代码相互校对,得到企业是否属于税收优惠行业的变量(ind_treat)。其次,按照该企业是否属于税收优惠行业分样本对西部大开发的政策效果进行检验,如果企业的 TFP 上升主要是由于西部大开发的非税收优惠政策导致的,那么模型(4.3)的估计结果在两个分样本中都会显著为正;回归结果证实企业 TFP 的上升主要是由于减税政策导致的。最后,采用三重差分(DDD)的模型(具体设定见模型 4.5)对企业的税收效应做稳健性检验。回归中的三重差分项 α_1 能够捕捉企业 TFP 的减税政策效果,回归结果显示三重差分系数显著为正，在一定程度上尽可能地排除了其他竞争性假说(表 4.19)。

表 4.19 稳健性检验:其他竞争性假说的排除

TFP	(1)	(2)	(3)	(4)	(5)	(6)
	双重差分设定				三重差分设定	
	无税收优惠行业		有税收优惠行业			
Treat × ETR × YR 2001	−0.004 26	0.010 5	0.106 ***	0.122 ***	0.002 62	0.020 9
	(0.034 7)	(0.036 1)	(0.031 2)	(0.032 0)	(0.033 9)	(0.036 2)
Treat × YR 2001 × Ind_treat					0.105 **	0.099 4 **
					(0.044 9)	(0.048 1)
Observations	48 925	48 925	39 112	39 112	88 038	88 038
R-squared	0.819	0.825	0.866	0.873	0.843	0.851
City FE	控制	控制	控制	控制	控制	控制
Year FE	控制	控制	控制	控制	控制	控制
Industry FE	控制	控制	控制	控制	控制	控制
Firm FE	控制	控制	控制	控制	控制	控制
City × Industry FE	不控制	控制	不控制	控制	不控制	控制
Industry × Year FE	不控制	控制	不控制	控制	不控制	控制

注:括号内数字为在城市层面聚类,并纠正了异方差后的稳健标准误;***、** 和 * 分别表示检验的显著性水平为 1%、5% 和 10%。

二、按企业是否盈利进行分组回归检验

由于本书考虑的是企业所得税优惠政策对于企业 TFP 的影响,根据企业所得税法规定,如果一个企业当年没有实现盈利(即税前利润小于 0),那么这个企业是不需要缴纳企业所得税的,那么企业所得税的优惠政策应当对这部分企业的影响并不显著。

表 4.20 列示了按照企业是否盈利进行分组回归的结果。其中(1)列和(2)列是对亏损企业进行估计的结果,回归系数是 0.058,虽然企业所得税优惠政策对于这部分企业的 TFP 作用依然是正向的,

但是在统计上并不是显著的。

而对于(3)列和(4)列盈利企业而言,企业所得税优惠政策能够有效地为企业降低税收成本,使其企业TFP显著上升。

表4.20　稳健性检验:按企业是否盈利分组回归

TFP	(1) 亏损企业	(2) 亏损企业	(3) 盈利企业	(4) 盈利企业
Treat×ETR×YR 2001	0.058 8	0.059 3	0.130***	0.140***
	(0.043 6)	(0.047 0)	(0.024 7)	(0.025 2)
Observations	18 013	17 859	55 508	55 376
R-squared	0.843	0.856	0.854	0.863
City FE	控制	控制	控制	控制
Year FE	控制	控制	控制	控制
Industry FE	控制	控制	控制	控制
Firm FE	控制	控制	控制	控制
City×Industry FE	不控制	控制	不控制	控制
Industry×Year FE	不控制	控制	不控制	控制

注:括号内数字为在城市层面聚类,并纠正了异方差后的稳健标准误;***、**和*分别表示检验的显著性水平为1%、5%和10%。

三、更换指标计算方法等其他稳健性检验

表4.21补充了一些对本书回归结论的其他稳健性检验。

首先,本书更换被解释变量的计算方法,使用索罗固定效应模型方法计算出企业TFP,而后进行实证检验,结果见(1)列、(2)列,用固定效应方法计算的结果与用LP法计算的结果十分相似,估计系数值也非常接近,并没有发生太大变化,表明本书的估计结果比较稳健。

其次,虽然本书前面的平行趋势假设检验已经说明边界两侧的市是相似可比的,但是由于市的范围比较大,省级边界两侧的市可能面临的差异还是比较大的。因此,本书进一步缩小范围,仅仅选取中西部边界邻近县的企业作为样本,边界线两侧县与县之间的差距进一步缩小。

重复对上述模型进行实证检验，结果见(3)列、(4)列，用边界县子样本的回归结果十分相似，估计系数值也非常接近，并没有发生太大变化，表明本书的估计结果比较稳健。

最后，虽然模型已经控制了企业的固定效应，然而企业的其他行为还是有可能会影响企业的TFP，本书控制了企业当年的公司规模、资产负债率、绩效表现、出口规模、企业补贴情况，结果见(5)列、(6)列，回归结果估计系数值也非常接近，并没有发生太大变化，表明本书的估计结果比较稳健。

表4.21 稳健性检验：更换TFP的计算方法

TFP	(1) 更换被解释变量	(2) 更换被解释变量	(3) 相邻县样本	(4) 相邻县样本	(5) 添加其他控制变量	(6) 添加其他控制变量
Treat×ETR×YR 2001	0.042 7 * (0.022 3)	0.069 7 *** (0.023 1)	0.121 *** (0.039 3)	0.116 *** (0.040 3)	0.049 3 ** (0.022 0)	0.066 8 *** (0.023 0)
ln_size					0.343 *** (0.009 78)	0.330 *** (0.009 94)
lev					−0.017 9 (0.022 7)	−0.005 68 (0.022 8)
roa					1.088 *** (0.103)	1.057 *** (0.101)
ln_ex					0.014 1 *** (0.001 64)	0.015 5 *** (0.001 77)
ln_faid					0.004 71 ** (0.002 24)	0.004 76 ** (0.002 26)
Observations	88 038	88 038	25 133	25 133	88 038	88 038

续表

TFP	(1) 更换被解释变量	(2) 更换被解释变量	(3) 相邻县样本	(4) 相邻县样本	(5) 添加其他控制变量	(6) 添加其他控制变量
R-squared	0.739	0.753	0.860	0.872	0.856	0.862
City FE	控制	控制	控制	控制	控制	控制
Year FE	控制	控制	控制	控制	控制	控制
Industry FE	控制	控制	控制	控制	控制	控制
Firm FE	控制	控制	控制	控制	控制	控制
City × Industry FE	不控制	控制	不控制	控制	不控制	控制
Industry × Year FE	不控制	控制	不控制	控制	不控制	控制

注：括号内数字为在城市层面聚类，并纠正了异方差后的稳健标准误；＊＊＊、＊＊和＊分别表示检验的显著性水平为1%、5%和10%。

第五章　西部大开发区域减税政策对企业生产率的影响特征检验

第一节　区域减税政策与企业生产率：学习效应与选择效应

本节主要考察西部大开发区域减税政策实施前后，对企业生产率的区域分布产生的不同影响，包括企业生产率的区域核密度分布特征、区域减税政策产生的学习效应和选择效应特征以及对异质性生产率企业的不同影响。首先，在 Forslid 和 Okubo 的新经济地理模型基础上进行拓展，将企业异质性引入模型并讨论区域政策如何因企业异质性而引致不同的实施效果，与已有研究相比，本书可以较好地区分企业的学习效应和选择效应，从而规避政策效果评估无法得到准确识别的问题，为识别区域政策的微观效应提供了一个重要的理论框架。其次，本书将西部大开发区域减税政策作为一项准自然实验，构建三重差分模型检验区域关税政策对企业生产率的作用，并通过区分学习效应和选择效应进而探索其作用路径，为识别区域政策的企业生产率效应提供一个可供借鉴的思路。最后，已有文献认为西部大开发促进实物资本积累进而影响经济增长，但是政策效果不理想，并认为西部大开发可能存在着“政策陷阱”和资源诅咒效应，本书借鉴王永进和张国峰的方法对异质性企业选择模型进行改进，对企业生产率的异质性政策效应给出了理论化和实证化的解构。

一、理论模型与研究假说

（一）理论模型

近年来，中国市场化程度不断加深，企业对于政策变化的敏感度也不断提升，不同生产率企业对于区域减税政策的作用是存在很大差异的，进而对政策实施效果也存在着差异。本书在 Forslid 和 Okubo 的模型基础上进行拓展，加入了区域减税政策，探讨区域减税政策对不同生产率企业的影响，并进一步梳理归结其作用机制。

本书设定的假设条件如下：一个经济体中存在两个区域（$i=1$，2，分别代表相对发达区域和落后区域，分别对应后文中西部大开发减税政策边界线以东的地区和边界线以西的地区），两种生产要素（K 和 L），以及农业和制造业两个部门。农业部门具有以下四个假定：第一，内部存在规模收益不变；第二，农产品市场是完全竞争，产品同质，价格可标准化为 1，即 $p_1^z=p_2^z=1$；第三，农产品贸易无贸易成本；第四，农业部门生产农产品时，假定每单位产出需要投入一单位的劳动。制造业部门具有以下两个假定：第一，垄断竞争，即生产的产品具有差异化；第二，区域内贸易不存在贸易成本，但区域间贸易具有贸易成本，每单位产品的贸易成本为 $\tau(\tau>0)$。

两个区域也有如下假定：第一，两个区域生产 $(v+1)$ 种商品：一种完全同质的农产品和 v 种具有连续水平差异化的工业品；第二，地区之间的劳动者工资相同且标准化为 1，即 $w_1+w_2=1$；第三，假定相对发达区域 $i=1$ 拥有的人口更多一些，即 $\lambda\in(0.5,1)$，这表明消费者、劳动者和资本在相对发达区域内的份额更大一些 $(\lambda>0.5)$；第四，消费者不具有流动性，只能在本地区进行消费和提供劳动，资本具有完全流动性；第五，两个区域间的要素禀赋、技术、偏好等具有完全一致性。

1. **消费者行为**

基于上述的假定，假定消费者对农产品和工业品的消费偏好完全相同。借鉴梁琦等的做法，消费者的效用函数和预算约束可以表示如下：

$$\max_{q_i(v),v\in[0,1];Z_1} U_i\equiv\alpha\int_0^1 q_i(v)\mathrm{d}v-\frac{\beta}{2}\int_0^1[q_i(v)]^2\mathrm{d}v-\frac{\gamma}{2}\left[\int_0^1 q_i(v)\mathrm{d}v\right]^2+Z_i \tag{5.1}$$

$$\text{s.t.}\ \int_0^1 p_i(v)q_i(v)\mathrm{d}v+p_i^z Z_i=y_i+p_i^z\,\overline{Z_0} \tag{5.2}$$

其中，y_i 是消费者收入；Z_i 为同质产品在区域的消费量；p_i^z 为同质产品在区域 i 的消费价格；$q_i(v)$ 为产品种类 v 在区域 i 的消费数量；$p_i(v)$ 为产品种类 v 在区域 i 的消费价格。为了保证差异化产品的消费支出份额小于 1 和消费者消费农产品和工业产品的偏好具有一致性，假定初始禀赋$\overline{Z_0}$。令$\gamma > 0$表示不同产品种类具有可替代性，$\alpha > 0$表示消费者对差异化产品偏好大于零，$\beta > 0$表示消费者对某种类产品的偏好强度大于零。

通过对效用函数进行一阶求导可知，在满足效用最大化时，对工业品的需求函数可以表示为

$$q_i(v) = a - (b + c)p_i(v) + cP_i$$

其中，$a = \frac{\alpha}{\beta + \gamma}$；$b = \frac{1}{\beta + \gamma}$；$c = \frac{\gamma}{\beta(\beta + \gamma)}$；$P_i = \int_0^1 p_i(v)\mathrm{d}v$，$p_i$是区域$i$的消费者价格指数。

2. 生产者行为

在存在规模经济条件下，制造业企业要想获取利润最大化，就需要生产差异化产品中的一种而非重复生产，这就要求企业数量和企业生产产品种类之间存在一一对应的关系。本书研究区域减税政策对生产率异质性企业的影响，假设企业在不同区域存在定位是不同的。受技术条件的限制，单个企业是不存在分厂的，只能保证一个工厂的盈利，这就导致企业不存在跨区域生产的可能性。假定每一个企业使用单位成本，用m表示，主要用于雇用与其产出成比例的一定数量的员工。企业异质性主要表现在生产率差异上，假设低生产率企业生产一单位产品时需要1单位劳动，那么高生产率企业则需要更少的劳动投入，简化为0，q表示企业的产量，则低生产率企业与高生产率企业需要的劳动投入分别为

$$C_i^{\mathrm{le}}(q) = mq, C_i^{\mathrm{he}}(q) = 0 \tag{5.3}$$

其中，he，le 分别表示高、低生产率企业。假定假设资本的分布在区域间的分布是固定的，$0 \leqslant N \leqslant 1$表示在区域1投资的资本总量。由于企业不存在流动性，于是假定高生产率和低生产率的企业在区域间的分布也是固定的，这两类企业的资本量可以用μ和$1 - \mu(0 \leqslant \mu \leqslant 1)$表示。企业$\theta(\theta \in \theta(\mathrm{le,he}))$在区域1的市场份额为$0 \leqslant S_\theta \leqslant 1$，区域1投资的资本量是高生产率企业的资本投入$S_{\mathrm{he}}\mu$和低生产率企业资本投入$S_{\mathrm{le}}(1 - \mu)$之和，即，$N = S_{\mathrm{he}}\mu + S_{\mathrm{le}}(1 - \mu)$。

3. 减税政策对于不同生产率企业的影响

根据西部大开发的税收优惠政策，属于国家政策鼓励类产业的

内资企业，企业所得税自2001年起10年内减按15%的税率征收；经省级人民政府批准的内外资企业，可以分别定期减征或免征企业所得税。本书进一步将西部大开发区域减税政策在模型中的体现进行简化，认为减税政策即是政府给企业减轻税收负担或者吸引企业迁移至本区域的一系列税收优惠政策，而在一定程度上来讲，这类税收优惠和税收减免政策则可以看作企业将应该缴纳的税费上交之后，政府再对企业进行税收的返还。因此，我们将上述区域减税政策引致的税收返还在模型中定义为t，表示区域减税政策实施减税力度大小。假定区域2实行了减税政策，则区域2中企业的收益函数可表示为

$$\pi_2^{he}=(1-\lambda)(p_{22}^{he}+t)q_{22}^{he}+\lambda(p_{21}^{he}-\tau+t)q_{21}^{he} \tag{5.4}$$

$$\pi_2^{le}=(1-\lambda)(p_{22}^{le}+t-m)q_{22}^{le}+\lambda(p_{21}^{le}-\tau+t-m)q_{21}^{le} \tag{5.5}$$

其中，p_{ji}^{θ} 表示位于区域$j(j=1,2)$的企业$\theta(\theta\in\theta(\mathrm{le},\mathrm{he}))$对于区域$i(i=1,2)$的产品种类$v$设定的消费者价格；$q_{ji}^{\theta}$ 表示相应种类的消费数量。

假设全部企业的贸易与企业跨区域的分布及跨区域类型是不相关的，即当高生产率企业全部进入区域1时，低生产率企业在区域1销售产品时同样能够获利。计算高、低生产率企业在区域1和区域2的收益差，并且进一步简化计算可知：

$$\begin{aligned}&\Delta\pi^{le}(s_{le},s_{he},\lambda)=\\&\pi_1^{le}-\pi_2^{le}=\frac{1}{2}\phi\left[\mathrm{a}-(b+c)\left(m+\frac{\tau}{2}-\frac{\mathrm{t}}{2}\right)\right]\end{aligned} \tag{5.6}$$

$$\begin{aligned}&\Delta\pi^{he}(s_{le},s_{he},\lambda)=\\&\pi_1^{he}-\pi_2^{he}=\frac{1}{2}\phi\left[a-(b+c)\left(\frac{\tau}{2}-\frac{\mathrm{t}}{2}\right)\right]\end{aligned} \tag{5.7}$$

其中，$\phi=[\lambda(\tau-t)-(1-\lambda)(t+\tau)]+c\omega$

$$\begin{aligned}\omega&=\lambda(\tau-t)P_1-(1-\lambda)(t+\tau)P_2\\&=\frac{[\lambda(\tau-t)-(1-\lambda)(t+\tau)][a+m(b+c)(1-\mu)]+[\lambda(\tau-t)^2+(1-\lambda)t(t+\tau)](b+c)}{2b+c}-\\&\quad\frac{(b+c)[\lambda(\tau-t)^2+(1-\lambda)(t+\tau)^2]+[\mu s_{he}+(1-\mu)s_{le}]}{2b+c}\end{aligned}$$

根据式(5.6)、式(5.7)，税收优惠对企业在不同地区的收益差和贸易成本具有弥补作用，同时其对不同生产率企业的吸引力不同。由于$\Delta\pi^{le}(s_{le},s_{he},\lambda)<\Delta\pi^{he}(s_{le},s_{he},\lambda)$，$\forall\, s_{le},s_{he},\lambda$，即高效率企业从相

对发达的区域1迁往落后区域2收益损失大于低效率企业，税收优惠政策对低生产率的企业有更大的吸引力，较小的税收优惠水平就能弥补低生产率企业迁移带来的损失。如果减税政策的力度较高，即若税收优惠能够补偿生产率较高的企业在不同区域的收益差，落后区域（政策边界以西的地区）也能逐渐地吸引到生产率水平较高的企业，最终不断缩小地区之间的生产率差异。由此，我们得到如下推论：

随着税收优惠政策（西部大开发的税收优惠政策）的实施，落后区域（政策边界以西的地区）能够吸引相对发达区域（政策边界以东的地区）的企业进入从而提高地区的产出，并且达到提升落后区域生产率的目的。但新的市场格局下不同企业生产率提升的幅度不同，这取决于其自身竞争力的情况、面临的市场规模及其边际产出对减税政策的敏感性等因素。

（二）研究假说

根据上文的分析，我们认为税收优惠政策对企业生产率的影响主要来自两个方面。一方面，税收政策的影响体现为企业的迁移、集聚进而共享、匹配与技术扩散，我们将这一完整的技术传导路径总结为学习效应。学习效应具有空间“溢出效应”，即新进入企业会带来同区域的劳动力技术升级，促使政策优惠区的企业通过学习效应实现企业生产率水平的提升。规模更大、人口更稠密区域的企业能够在外部经济环境下实现更大的生产率优势，如 Sveikauskas、Nakamura 以及 Rice 等认为企业生产率和企业所在区域规模存在正向相关关系，而 Brülhart 和 Mathys 等则认为就业密度衡量下的集聚经济能够促进企业生产率提升。此外，范剑勇、陈良文、刘修岩和张学良等通过不同的样本数据也得出了类似结论。西部大开发的减税政策作为一种税收优惠政策，其对企业生产率的影响路径与其他的减税政策具有可比性。由此，根据前文的推论和已有研究的观点，我们提出本书的第一个假说：

假说1：西部大开发减税政策能够通过学习效应提升区域内企业的生产率水平。

另一方面，不同生产率的企业对税收优惠政策的敏感度不同，税收优惠政策对低生产率企业更具吸引力。由此体现了税收优惠的对不同生产率企业的选择效应，低生产率企业的边际产出更容易受到税收优惠的影响，且优惠的税收对其控制成本、发展生产有更大的提升作用，使其在与高技术企业竞争时能够获得部分相对优势。在高效率企业凭借本身的先发优势持续领跑的同时，低效率企业在税收优惠的刺激下提升效率，从而缩小与高效率企业的差距，这有利于区域整体生产率的提高，并最终会影响到整个市场中的生产率分布情况。由此，我们提出第二个假说：

假说2：西部大开发减税政策能够通过选择效应提升区域内企业的生产率水平，并且总体效率的提升是通过高低效率企业不同的加速度及两者差距的缩小来实现的。

二、模型设定与数据说明

（一）识别策略与模型设定

本书以2001年的西部大开发减税政策作为政策冲击的准自然实验，参考Almond等的研究思路，选取西部大开发政策中西部省界分界线左右两边的市域为研究区域。此处的识别策略与前文相同，不再赘述。为准确识别西部大开发中减税政策的效果，本书一方面构建西部大开发政策冲击的双重差分(DID)模型，再与企业实际税负相交互构建三重差分(DDD)模型；另一方面在基准回归的基础上，将企业划分为税收优惠行业和非税收优惠行业两个组进行检验，如果税收优惠行业中减税政策对企业生产率的影响效果显著，而非税收优惠行业与之相反，则可以进一步区分出西部大开发中的减税政策影响。

根据理论模型和研究假说，以及西部大开发的政策冲击影响，本书构建如下三重差分模型：

$$\begin{aligned}TFP_{ickt} = {} & \alpha Treat_i \times ETR_{ickt} \times YR\,2001 + \alpha_1 Treat_i \times ETR_{ickt} + \\ & \alpha_2 ETR_{ickt} \times YR\,2001 + \alpha_3 Treat_i \times YR\,2001 + \\ & \alpha_4 Treat_i + \alpha_5 ETR_{ickt} + \alpha_6 YR\,2001 + \\ & \beta X + \mu_i + \lambda_{ck} + \xi_{kt} + \varepsilon_{ickt}\end{aligned} \tag{5.8}$$

TFP_{ickt} 为被解释变量，代表在城市 c 行业 k 在 t 年第 i 个企业生产率(TFP)，本书借鉴鲁晓东和连玉君使用的LP法进行计算得到。此外，本书也使用了索罗残差固定效应方法计算出企业的TFP进行稳健性检验。$Treat_i \times ETR_{ickt} \times YR\ 2001$ 为本书的核心解释变量，其中 ETR_{ickt} 代表第 i 个企业在城市 c 行业 k 第 t 年实际所得税的有效税率。Treat 为西部大开发减税政策的哑变量，如果该企业在政策边界线的西边赋值为 1，否则赋值为 0。由于减税政策的开始时间为 2001 年，因此将整个样本按照 2001 年前后进行划分，赋值 YR 2001＝1 代表政策实施后，0 代表政策实施之前。

X 代表一系列控制变量，依据已有企业生产率影响因素的文献，在实证模型中我们控制了以下因素：企业规模（ln_size）、企业的资产负债率（lev）、资产报酬率（roa）、企业出口规模（ln_ex）、企业获得政府补贴收入（ln_faid）。

此外，模型中 μ_i 代表企业 i 的固定效应，通过控制企业的固定效应，可以剔除随企业变化且不随时间改变的某些因素对企业生产率的影响；λ_{ck} 代表城市 c 与 k 行业交互作用的固定效应，可以控制城市层面、行业层面异质性不随时间变化的不可观察因素；ξ_{kt} 代表 k 行业和时间 t 交互作用的固定效应，可以控制时间 t 的固定效应，也可以控制由于样本期间内其他产业政策对企业生产率的影响。考虑到对同一个城市中的不同企业来说，方程中的随机扰动项之间可能存在相关性，回归的聚类稳健标准误全部设定在城市层面，允许随机扰动项 ε_{ickt} 在城市层面存在聚类。表 5.1 为主要变量的说明及其描述性统计表。

（二）数据说明与描述性统计

本书参考 Brandt 等的方法对中国工业企业数据库进行详细整理，具体过程如下：首先对企业按照标准法人代码进行匹配，无法通过此法人代码指标匹配的企业通过企业名称匹配；其次按照法人名称＋省地市码＋4 位数市级代码匹配；再次按照企业电话号码＋市级代码匹配；最后，按照企业所在乡镇名称＋企业主要产品 1＋4 位数行业代码＋企业开工年份＋市级代码进行匹配。通过对全国数据处理后，再与西部大开发政策影响的边界市进行匹配，最后得到 88 038 个样本，其中有政策边界市（西部大开发线西边的市）样本 25 155 个，无政策边界市（西部大开发线东边的市）样本 62 883 个。表 5.1 汇报了各变量的均值和标准差。

表 5.1　主要变量说明及描述性统计表

变量名称	符号	变量定义	均值	标准差
被解释变量				
企业全要素生产率 1	TFP_LP	使用 LP 法计算的工业企业全要素生产率	6.490	1.401
企业全要素生产率 2	TFP_FE	使用 PE 法计算的工业企业全要素生产率	0.832	1.147
政策变量				
西部大开发政策	treat	企业是否受西部大开发优惠政策影响,是为 1	0.286	0.021
政策时间	YR 2001	样本时间在 2001 年后为 1,之前为 0	0.686	0.128
企业实际税负	ETR	企业支付的企业所得税除以企业营业收入 /%	0.114	0.166
控制变量				
企业规模	ln_size	企业期末总资产的对数	9.742	1.532
资产负债率	lev	企业期末负债除以企业资产	0.551	0.266
净资产收益率	roa	本年利润总额除以企业总资产	0.098	0.450
企业出口规模	ln_ex	企业出口额加 1 后取对数	1.278	3.263
政府补贴	ln_faid	企业获得的政府补贴收入加 1 后取对数	0.602	1.892

下面采用 TFP_LP 衡量和 TFP_FE 衡量的生产率对政策实施前后及处理组与控制组进行对比分析。从表 5.2 中可以看出,采用 TFP_LP 衡量生产率时,有政策边界市的企业生产率从 2001 年以前的 5.610 提高到 6.600,而无政策边界市的企业生产率的均值为 5.938 提高到 6.721,双重差分后的均值为 0.206 且显著为正,说明与无政策边界市的企业相比,有政策边界市的企业生产率提高更多。采用 TFP_FE 衡量生产率,其结果与采用 TFP_LP 衡量生产率的结果基本一致。表 5.2 的分析说明,减税政策的双重差分后,会让有政策边界市的企业生产率提升快于无政策边界市的企业生产率。

表 5.2 减税政策对企业生产率影响的比较分析

变量	政策实施时间	有政策边界市(均值)	无政策边界市(均值)	单重差分均值(标准差)	双重差分均值(标准差)
TFP_LP	2001 之前	5.610	5.938	−0.327*** (0.021)	0.206*** (0.025)
	2001 之后	6.600	6.721	−0.122*** (0.012)	
TFP_FE	2001 之前	0.235	0.364	−0.129*** (0.016)	0.083*** (0.019)
	2001 之后	0.957	1.003	−0.047*** (0.009)	

注:***、** 和 * 分别表示检验的显著性水平为 1%、5% 和 10%。

三、减税政策对企业生产率的总体效果分析

(一) 基准回归

为检验西部大开发中的减税政策对企业生产率的影响,本书利用模型(5.8) 进行基准回归,结果列于表 5.3。(1)、(2)、(3) 列为以 LP 法测算的企业生产率为被解释变量的回归结果,在逐步增加更严格的固定效应和控制变量后,政策变量对企业生产率影响的系数均显著为正,而且系数变化较小,表明西部大开发中的减税政策较为外生,且能够显著促进企业生产率的提升。(4) 列为更换被解释变量为用固定效应方法计算的企业生产率,(5) 列为使用平衡面板进行稳健性检验,结果显示减税政策的正向作用依然显著为正。

为有效排除西部大开发中的其他因素对企业生产率的影响,进一步根据企业是否在税收优惠行业中进行分组回归,结果报告于表 5.3 的(6) 列和(7) 列,可见在税收优惠行业中,政策变量对 TFP 的影响显著为正,而在非税收优惠行业的模型中,政策变量虽然为正但并不显著,因此政策变量能够促进税收优惠行业中的企业提升 TFP,但对没有受到税收优惠的行业则没有效果,这一结果在一定程度上排除了其他竞争性假说。

表 5.3 减税政策影响企业生产率的基准回归结果

	(1)	(2)	(3)	(4)	(5)	(6)	(7)
	TFP_LP	TFP_LP	TFP_LP	TFP_FE	平衡面板	税收优惠行业	非税收优惠行业
Treat × YR 2001 × ETR	0.210 2 *** (0.064 0)	0.233 1 *** (0.070 5)	0.175 0 *** (0.048 6)	0.149 7 *** (0.051 6)	0.210 6 ** (0.100 2)	0.182 7 *** (0.066 1)	0.063 0 (0.054 4)

续表

	(1)	(2)	(3)	(4)	(5)	(6)	(7)
	TFP_LP	TFP_LP	TFP_LP	TFP_FE	平衡面板	税收优惠行业	非税收优惠行业
Treat × YR 2001	0.113 * * * (0.031 0)	0.073 3 * * * (0.022 6)	0.108 * * (0.043 9)	0.064 2 * * * (0.022 3)	0.184 * * * (0.044 9)	0.231 * * * (0.057 0)	−0.265 * * * (0.066 5)
Treat × ETR	−0.017 0 (0.012 3)	−0.005 07 (0.007 13)	−0.007 07 * (0.004 0)	−0.005 39 (0.007 13)	−0.031 7 * * * (0.012 3)	0.701 * * * (0.173)	0.051 8 (0.088 0)
YR 2001 × ETR	−0.017 1 (0.012 0)	−0.004 74 (0.006 77)	0.036 5 (0.023 7)	−0.005 49 (0.006 72)	−0.028 0 * * (0.012 3)	−0.000 908 (0.012 6)	0.056 6 (0.057 8)
ETR	0.017 0 (0.011 9)	0.004 98 (0.006 8)	0.006 31 * (0.003 7)	0.005 63 (0.006 7)	0.030 0 * * (0.012 2)	0.011 8 (0.012 0)	−0.002 28 * (0.001 4)
ln_size		0.383 * * * (0.006 0)	0.415 * * * (0.021 1)	0.267 * * * (0.005 7)	0.374 * * * (0.009 5)	0.425 * * * (0.014 3)	0.280 * * * (0.018 5)
lev		−0.072 1 * * * (0.019 4)	−0.105 (0.071 8)	0.020 1 (0.019 3)	−0.013 6 (0.030 3)	−0.176 * * * (0.044 6)	−0.072 9 (0.053 9)
roa		1.526 0 * * * (0.085 2)	2.671 0 * * * (0.182 0)	1.442 * * * (0.082 6)	1.331 0 * * * (0.110 0)	1.430 0 * * * (0.172 0)	1.659 0 * * * (0.089 3)
ln_ex		0.013 6 * * * (0.001 6)	0.005 5 (0.004 6)	−0.004 5 * * * (0.001 7)	0.010 0 * * * (0.003 28)	0.024 3 * * * (0.003 87)	0.022 6 * * * (0.006 4)
faid		−0.004 2 * (0.002 3)	−0.008 4 (0.005 8)	−0.008 7 * * * (0.002 2)	−0.003 37 (0.003 7)	−0.011 5 * * (0.005 1)	0.001 8 (0.007 3)
Constant	6.533 * * * (0.008 4)	6.515 * * * (0.009 6)	1.815 * * * (0.045 3)	1.414 * * * (0.044 0)	1.227 * * * (0.172 0)	1.830 * * * (0.044 8)	1.247 * * * (0.171 0)
样本数	88 038	83 421	79 096	79 096	8 235	43 866	35 204

续表

	(1)	(2)	(3)	(4)	(5)	(6)	(7)
	TFP_LP	TFP_LP	TFP_LP	TFP_FE	平衡面板	税收优惠行业	非税收优惠行业
R^2	0.866	0.860	0.835	0.859	0.789	0.841	0.856
Firm FE	否	是	是	是	是	是	是
City×Industry FE	否	是	是	是	是	是	是
Industry×Year FE	否	是	是	是	是	是	是

注:模型中还控制了 Treat、YR 2001 两个变量,因与时间固定效应和企业固定效应共线性无估计系数,故在模型中没有汇报这两个变量的估计系数;括号内数字为在城市层面聚类,并纠正了异方差后的稳健标准误;***、** 和 * 分别表示检验的显著性水平为 1%、5% 和 10%。

从动态视角来看,减税政策对企业生产率的影响可能不会在政策实施初期就体现出来。利用减税政策的长期动态效应,可以更严谨地检验处理组与控制组是否满足平行趋势假设。从图 5.1 可知,2001 年之前政策变量的回归结果系数很小且不显著,表明处理组和控制组在政策前的 TFP 没有显著差异,这也验证了平行趋势假定是成立的。而随着时间的推移,从 2004 年开始变为显著,并且其数值整体呈现先增大后减少的特点,这说明减税政策的影响存在滞后性,其对企业生产率的拉动作用会随着时间推移先增加而后趋于稳定。

(二)安慰剂检验

接下来使用安慰剂检验方法进一步考察基准回归模型中估计效应,该方法可以一定程度将未观察到的因素排除掉,从而识别出减税政策对企业生产率的因果关系。借鉴 Chetty,Martin 等的方法,本书为企业随机分配其受到税收优惠政策影响的时间,由于现实环境中并不存在这一事件,理论上该“伪政策”的回归系数应该接近于 0 且不显著。为了准确评估“伪政策”的效应,根据随机分配方法进行了200 次随机试验,每一次模拟试验都使用以下模型进行分析:

$$\mathrm{TFP}_{ickt} = \alpha \mathrm{Random}_{it} + \beta_n X + \mu_i + \lambda_{ck} + \xi_{kt} + \varepsilon_{ickt} \quad (5.9)$$

其中,Random_{it} 为“伪政策”实施的虚拟变量;$\mathrm{Random}_{it}=1$ 表示企业 i 在第 t 年实施了“伪政策”,否则 $\mathrm{Random}_{it}=0$。模型中其他变量的定义均与基准回归模型相同,前文包括的几个交互项变量没有在模型表示出来。

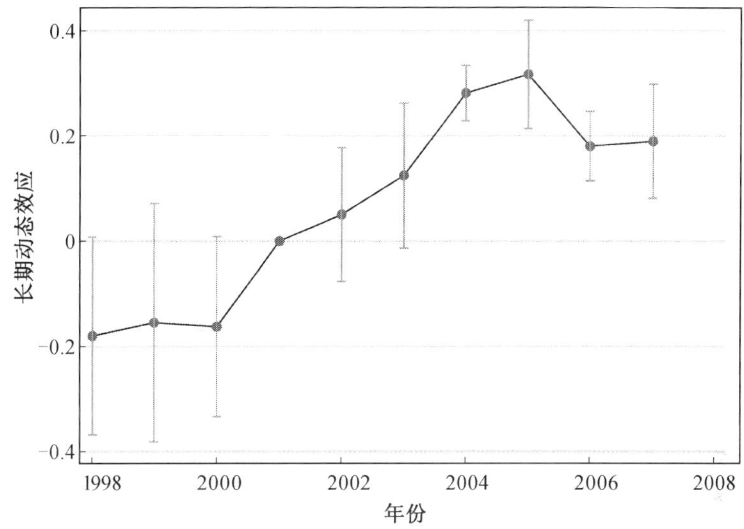

图 5.1　西部大开发减税政策的长期动态效应

安慰剂检验的回归结果见表5.4。其中,A部分展示的200次安慰剂试验中随机一次安慰剂检验的结果,可以看到“伪政策”的效应是不显著的;B部分展示的是200次安慰剂检验中显著为正、显著为负和不显著的次数。对于绝大多数模拟,回归结果是不显著的,对TFP_LP与TFP_FE进行回归的结果中分别有86%、87.5%的系数未通过5%的显著性水平检验,表明未观测到的因素几乎不会对区域关税政策对企业生产率产生影响。对于TFP_LP的模拟结果,其中有19次是显著为正的,占9.5%;有9次显著为负的,占4.5%,均较低。换成TFP_FE的模拟结果也是类似,根据Chetty,Martin等的研究,两个安慰剂检验可以通过。图5.2为200次安慰剂检验回归系数的累积概率分布图,符合累积正态概率分布函数的特征,其模拟回归结果的均值0.01接近0值,这些均证明了安慰剂检验的有效性。

表 5.4　安慰剂检验结果

Panel A:安慰剂检验	(1)	(2)
	TFP_LP	TFP_FE
安慰剂效应	0.030 0	-0.020 0
	(0.018 5)	(0.042 0)

续表

Panel A：安慰剂检验	(1)	(2)
	TFP_LP	TFP_FE
控制变量	是	是
企业固定效应	是	是
城市×行业固定效应	是	是
行业×年份固定效应	是	是

Panel B：200 次安慰剂检验的结果分布

被解释变量	显著		未通过 5% 的显著性水平检验
	大于 0	小于 0	
TFP_LP	19	9	172(86%)
TFP_FE	15	10	175(87.5%)

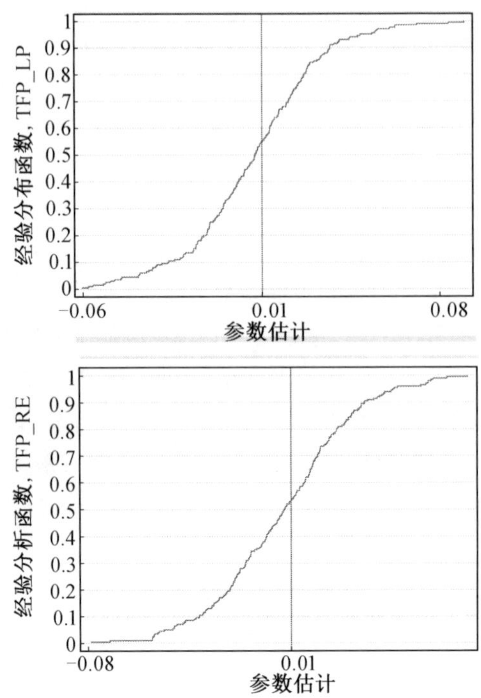

图 5.2　安慰剂检验回归系数的累积概率分布图

四、机制检验：学习效应与选择效应

上文已验证西部大开发减税政策对企业生产率的促进作用，接下来区分学习效应和选择效应的不同作用，验证其机制路径。本部分首先通过核密度图和分位数检验初步验证两种效应的存在性；接着在异质性企业选择模型基础上，识别出区域减税政策影响企业生产率的学习效应和选择效应大小，从而为后续政策制定的精准性提供经验证据。

（一）两种效应的初步验证

首先，我们将企业生产率分为西部大开发的区域减税政策区和非减税政策区，通过对比两个地区企业生产率的核密度图，进一步验证上文的估计结果。本书选取了样本起始年份（1998 年）、政策开始年份（2001 年）与样本最后一期（2007 年）的生产率核密度图进行比较。1998 年为样本起始年份，即政策实施之前，政策影响区企业的生产率分布情况是低生产率企业占比明显较大，非政策影响区企业的生产率分布状况是高生产率企业占比明显较大，而政策影响区企业的生产率较高企业也基本全部低于非政策影响区。这一情况一直持续到政策开始的 2001 年，与 1998 年相比并无显著变化。而在政策实施后的几年里，政策影响区生产率有了较大提高，2007 年的政策影响区生产率分布情况已发生了明显变化。政策影响区企业生产率分布状况大大改善，无论是高水平维度还是低水平维度都在非政策影响区的基础上向右偏移，并且低水平企业的移动幅度更大一些。这意味着，随着西部大开发区域减税政策的实施，西部地区企业的生产率整体水平出现了显著增长。实施减税政策一方面可以提升本地企业的经济活力，另一方面可以刺激其他地区的企业在空间上加剧流动，以此对减税区域的经济产生促进作用。同时，不同生产率水平的企业对政策的反应是不同的，异质性效应有所凸显。对一个地区的经济发展而言，高生产率企业凭借技术上的核心竞争力，以及相对优越的生产规模与经营条件，往往具有先发优势，在没有外在干预的情况下，很难被低生产率企业赶超。但当将减税政策对不同企业产生的边际影响和地区生产率的差异影响考虑在内时，会发现相对于高生产率企业，税收优惠对低生产率企业降低成本而言更具意义，有利于改善这类企业在市场竞争环境中的不利地位，为这类企业在发展初级阶段的生产存续与技术改进提供保障作用。

为了进一步验证前文的结论，本书继续采用分位数检验进行实证估计。表 5.5 是针对西部大开发区域减税政策影响企业生产率的分位数检验结果，可以看出，随着分位数的逐渐降低，西部大开发区域减税政策的估计系数逐渐增加，且均通过了显著性水平检验。这说明生产率水平越低的企业对西部大开发区域减税政策的敏感度越高。具体到本书研究的西部大开发区域减税政策而言，减税政策的力度是相对固定的，则不存在随着减税政策力度不断增强而产生不同的效果，不同生产率水平的企业会对区域减税政策存在不同的感受刺激，这必将导致异质性企业在面对同一区域减税政策时会产生不同的效果。原因可能是对企业生产率较高的企业而言，减税政策对于企业的帮助在边际上的作用相对更小；生产率较低的企业急需在生产或经营方面扩张，寻求自身的核心优势，创新、研发等活动受外部资金约束和自身利润限制可能会更多。因此，减税政策对其促进作用则会更加明显，也就是存在初期的选择效应。

表 5.5　减税政策影响企业生产率的分位数检验结果

解释变量	0.9 分位数	0.75 分位数	0.5 分位数	0.25 分位数	0.1 分位数
	(1)	(2)	(3)	(4)	(5)
Treat × YR 2001 × ETR	0.036 6 * (0.020 3)	0.066 5 * * * (0.011 7)	0.116 3 * * (0.055 3)	0.148 2 * * * (0.012 7)	0.271 0 * * * (0.016 3)
Constant	0.518 * * * (0.051 6)	1.026 * * * (0.040 3)	1.501 * * * (0.032 8)	2.003 * * * (0.031 8)	2.710 * * * (0.039 4)
Observations	79 244	79 244	79 244	79 244	79 244
Controls	是	是	是	是	是
Firm FE	是	是	是	是	是
City × Industry FE	是	是	是	是	是
Industry × Year FE	是	是	是	是	是

注：括号内数字为在城市层面聚类，并纠正了异方差后的稳健标准误；* * *、* * 和 * 分别表示检验的显著性水平为 1%、5% 和 10%。

（二）异质性企业选择模型

借鉴王永进和张国峰对于学习效应和选择效应区分的模型设定和估计方法，设定如下的学习效应和选择效应的估计模型。

首先，设定 a 和 b 两个地区，前者为西部大开发区域减税政策地区，后者为无减税政策区域。同时，两地的人口和单位劳动有效供给分别记为 P_a、P_b 和 L_a、L_b。按照“学习效应”的定义，劳动者在“干中学”和知识交流中可以提升生产率。很明显，当 $L_a \geqslant 1$ 式中仅仅等号成立的时候，则不存在“学习效应”，反之则存在。由此，企业的对数生产率函数为

$$\phi_a(x)=\ln\left(\frac{\sum_b Q_{ab}(x)}{I_a(x)}\right)=I_a-\ln(x) \tag{5.10}$$

其中，$I_a=\ln L_a$，定义企业 (a,x) 在 b 地区的产品需求总量是 $Q_{ab}(x)$，$W_a=1-H(x)$ 是 a 地区退出市场的效率低下的企业占比数。企业的对数生产率潜在累积密度为 $\widetilde{F}\equiv 1-H(\mathrm{e}^{-\phi})$，这时不存在学习效应和选择效应。同样地，当 a 地区没有选择效应，其企业效率低也可以生存；当 a 地区没有学习效应，则 $\phi=-\ln(x)$，即 $x=\mathrm{e}^{-\phi}$。一般而言，效率高的企业中劳动者之间交流的知识信息更多，其学习效应也更明显，可得有效劳动供给为 $L_a x^{(-J_a-1)}$，同时，$J_i\geqslant 1$。由此，可得出 a 地区存活企业的生产率累积密度函数：

$$F_a(\phi)=\max\left\{0,\frac{\widetilde{\mathrm{F}}\left(\dfrac{\phi-I_a}{f_a}\right)-W_a}{1-W_a}\right\} \tag{5.11}$$

因此，参数 I_a 和 J_a 可以表示学习效应，W_a 是淘汰低效率企业的比例。但是，生产率累积密度 $\widetilde{F}(\phi)$ 不可观测，所以没办法直接得出上述参数的数值。只能借鉴 Combes，王永进和张国峰的方法估算区域减税政策地区相对于非政策地区的相对参数数值。即设定 $J=J_a/J_b$，$I=I_a-JI_b$，$W=(W_a-W_b)/(1-W_b)$。参数 I、J 和 W 则分别表示减税政策区对于非政策区的学习效应、企业异质性和选择效应。进一步通过数学公式的换算，可得矩条件：

$$m_\theta(u)=\lambda_a(r_w(u))-J\lambda_b(W+(1-W)r_w(u))-I,u\in[0,1] \tag{5.12}$$

$$\widetilde{m}_\theta(u)=\lambda_b(\widetilde{r}_w(u))-\frac{1}{J}\lambda_a\left(\frac{\widetilde{r}_w(u)-W}{1-W}\right)+\frac{1}{J},u\in[0,1] \tag{5.13}$$

其中，$r_w(u) = \max\{0, -W/(1-W)\} + (1-\max(\{0, -W/(1-W)\})u$；$\tilde{r}_w = (u) = \max\{0, w\} + (1-\max\{0, w\})u$；$\lambda_k(u) \equiv F_k^{-1}(u)$ 为 F_k 在概率为 u 处的生产率分位点，$k=a,b$。采用线性插值法求得概率 u 对应的生产率分位数点后，便可得到最终的估计目标函数：

$$\hat{\theta} = \arg\min_{\theta} M(\theta) \tag{5.14}$$

$$\text{s.t. } M(\theta) = \int_0^1 [\hat{M}_\theta(u)]^2 \mathrm{d}u + \int_0^1 [\tilde{\tilde{M}}_\theta(u)]^2 \mathrm{d}u \tag{5.15}$$

其中，$\int_0^1 [\hat{M}_\theta(u)]^2 \mathrm{d}u \approx \frac{1}{2}\sum_{k=1}^{k}\{[\hat{M}_\theta(u_k)]^2 + [\hat{M}_\theta(u_k - 1)]^2\}(u_k - u_{k-1})$；$\int_0^1 [\tilde{\tilde{M}}_\theta(u)]^2 \mathrm{d}u \approx \frac{1}{2}\sum_{k=1}^{k}\{[\tilde{\tilde{M}}_\theta(u_k)]^2 + [\tilde{\tilde{M}}_\theta(u_k - 1)]^2\}(u_k - u_{k-1})$。在得到参数 I, J, W 的估计值 $\hat{\theta} = (\hat{I}, \hat{J}, \hat{W})$ 后，用 $R^2 = 1 - M(\hat{I}, \hat{J}, \hat{W})/M(0,1,0)$ 计算模型的拟合效果，即减税区与非减税区生产率分布差异中可以由 $\hat{I}, \hat{J}, \hat{W}$ 解释的部分。

（三）估计结果分析

从表 5.6 的估计结果可以看出，西部大开发区域减税政策实施之前（2001 年之前），西部地区基本不存在学习效应和选择效应，也间接说明西部地区的经济发展情况较差，并未形成集聚经济。随着西部大开发区域减税政策的实施，企业预期到政策将带来一系列的制度红利，因此，低生产率企业率先进入减税政策区，使其能够获取较大收益。相对参数 W 衡量减税区相对于非减税区的选择效应，W 大于 0 意味着减税区内低效率企业更容易退出市场。从结果来看，在样本早期 W 一直不显著，这说明减税政策实施前，中西部地区对不同生产率企业的选择效应并没有显著差异。而随着西部地区减税政策的实施，到 2005 年、2006 年 W 显著为负值的特征出现，说明低效率企业在选择效应中受益更多。相对高生产率企业而言，较小的税收优惠就能有效弥补低生产率企业的成本，从而使这类企业更能享受到税收优惠政策的福利。这一优势可在后期转化为更快的生产率加速度，从而达到缩小与高生产率企业差距的效果。

就学习效应方面来讲，相对参数 I 反映减税区相对于非减税区的学习效应，当 I 大于 0 时，减税区的学习效应更强。从估计结果可知，2004 年之前该系数一直不显著，而从 2005 年开始估计系数显著为正，学习效应逐渐显现，这说明从减税政策实施到企业集聚存在一定的滞后性，并且企业间的交流与技术扩散也需要一定的时间。

相对参数 J 用来捕捉集聚经济的企业异质性，样本期间 J 一直大于 1，表明高生产率企业相比低生产率企业更具优势，这一点也与常识相一致，在技术交流与知识扩散的过程中，高生产率企业始终占据主导地位并且具有更强的学习吸收能力。但从估计结果可以看出，J 的数值在样本早期不断增大，即如果没有政策冲击的影响，高生产率与低生产率的差距会不断拉大。但从 2002 年开始，J 的数值出现了明显的下降，并在样本后期趋于稳定。这表明减税政策下，低生产率企业在学习效应中的优势逐渐加强，从而在高生产率企业的持续引领下，实现了平均意义上的企业生产率水平提高。

综上可知，西部大开发区域减税政策通过选择效应与学习效应促进企业 TFP 水平的提高，但其效果发挥总体而言具有一定的滞后性。此外，在选择效应中，低生产率企业受益更多；在学习效应中，高生产率企业总体而言强于低生产率企业，但二者的差距在下降。税收优惠赋予后者的追赶作用不断增强，从而在低生产率企业追赶高生产率企业的过程中，实现了总体生产率的提升。

表 5.6　学习效应与选择效应的检验结果

年份	学习效应(I)	异质性效应(J)	选择效应(W)	R^2	样本数
1998	−0.361 4 (0.431 9)	1.106 2*** (0.228 4)	0.006 9 (0.378 3)	0.981 7	6 453
1999	−0.459 3 (0.412 7)	1.151 1*** (0.232 9)	0.031 4 (0.423 5)	0.972 5	6 774
2000	−0.426 4 (0.295 3)	1.175 5*** (0.197 0)	0.024 9 (0.175 9)	0.981 6	6 636
2001	−0.413 9 (0.343 2)	1.188 0*** (0.212 1)	−0.025 2 (0.396 0)	0.977 1	6 592
2002	−0.360 2 (0.320 2)	1.161 5*** (0.153 5)	−0.020 5 (0.557 0)	0.987 9	6 858
2003	0.306 5 (0.352 9)	1.211 9*** (0.202 6)	0.009 7 (0.368 3)	0.985 4	7 566
2004	0.087 7 (0.179 6)	1.017 2*** (0.124 0)	−0.030 1 (0.089 9)	0.878 3	8 976

续表

年份	学习效应(I)	异质性效应(J)	选择效应(W)	R^2	样本数
2005	0.058 8***	1.050 5***	−0.032 6***	0.810 1	10 250
	(0.022 0)	(0.014 9)	(0.003 0)		
2006	0.016 1*	1.101 1***	−0.011 0***	0.889 7	12 561
	(0.009 5)	(0.008 5)	(0.001 5)		
2007	0.110 7***	1.049 6***	0.001 4	0.981 0	13 630
	(0.025 5)	(0.094 2)	(0.016 9)		

注:小括号内为标准差,***、** 和 * 分别表示学习效应、选择效应和异质性效应检验在1%、5%和10%的统计显著水平上显著。

本节主要有以下发现:第一,减税政策对西部地区企业的生产率具有显著拉动作用。第二,西部大开发区域减税政策使得西部地区企业的生产率分布状况大大改善,不仅平均生产率水平得以提高,而且西部企业的生产率分布更加集中,低生产率企业的效率向高生产率企业趋近,资源配置效率得到较大提升。第三,减税政策发挥作用的机制主要是学习效应与选择效应;低生产率企业在选择效应中受益更多,对西部大开发区域减税政策的敏感度更高;在学习效应中,高生产率企业相比低生产率企业总体而言效应更强,但税收优惠赋予后者的追赶作用不断增强,从而在低生产率企业追赶高生产率企业的过程中,实现了总体生产率的提升。

第二节 西部大开发减税政策影响企业生产率的行业特征检验

在前文对技术密集型、劳动密集型、资本密集型和资源密集型四大种不同行业类型的企业TFP变化情况分析的基础上,本节主要通过双重差分法实证检验西部大开发区域减税政策影响企业生产率的行业特征。

一、资源密集型企业的影响特征检验

由表5.7的回归结果可知,在控制了城市、行业、企业等层面的固定效应之后,西部大开发区域减税政策影响资源密集型企业TFP的估计系数为正值,且通过了显著性水平检验。加入不同控制变量后,估计系数差异不大,基本维持在0.13左右。而加入企业规模、企业的资产负债率、

资产报酬率、企业出口规模、企业获得政府补贴收入等控制变量后，系数依然显著为正值，但数值有所降低。

整体而言，估计系数的数值区间为 0.071 2 到 0.224，按照这个区间测算的话，西部大开发区域减税政策能够使得西部地区资源密集型企业的生产率提升 7.12%～22.4%。西部大开发区域减税政策实施之前，资源密集型企业的 TFP 在绝对数值上比较低，但其增速高于其他三类企业，这与我国的经济发展阶段有较大关系。与其他三类行业进行对比可知，回归结果显示资源密集型企业 TFP 的估计系数相对更高，反映出西部大开发区域减税政策对该类企业 TFP 的促进作用更大，在一定程度上使得企业缓解融资约束，通过人力资本积累、提高薪资、吸引高水平人才、加大研发资本投入、投资新厂房设备、更新陈旧的基础设施等措施提高企业生产率。还有一个重要的因素是，资源密集型企业多为国有企业，从后文的回归中可知，西部大开发区域减税政策对国有企业生产率提升的促进作用更为明显。

表 5.7　西部大开发区域减税政策影响资源密集型企业 TFP 的检验结果

	(1)	(2)	(3)	(4)	(5)	(6)	(7)
Treat×ETR×YR 2001	0.107 * * * (0.041 1)	0.022 0 (0.033)	0.224 * * * (0.049 3)	0.132 * * * (0.036 2)	0.130 * * * (0.036 4)	0.124 * * * (0.036 1)	0.071 2 * * * (0.024 1)
Observations	25 476	25 476	25 476	22 458	22 444	22 444	76 136
R-squared	0.117	0.319	0.382	0.882	0.883	0.886	0.851
City FE	不控制	不控制	控制	控制	控制	控制	控制
Year FE	控制	控制	控制	控制	控制	控制	控制
Industry FE	不控制	控制	控制	控制	控制	控制	控制
Firm FE	不控制	不控制	不控制	控制	控制	控制	控制
City×Industry FE	不控制	不控制	不控制	不控制	控制	控制	控制
Industry×Year FE	不控制	不控制	不控制	不控制	不控制	控制	控制

注：括号内数字为在城市层面聚类，并纠正了异方差后的稳健标准误；* * *、* * 和 * 分别表示检验的显著性水平为 1%、5% 和 10%。为保证检验的稳健性和严格性，表中(7) 列额外加入了企业规模、企业的资产负债率、资产报酬率、企业出口规模、企业获得政府补贴收入等控制变量。

如前所述，在西部大开发区域减税政策实施前，资源密集型行业中企业 TFP 增速已经有所提升，这也在一定程度上反映出当时我国的经济增长方式较为粗放，是以资源投资拉动为主的。受益于西部大开发减税政策优惠措施，资源密集型企业一直保持增长态势，甚至2004 年的宏观经济调控也未能影响其增长，2006 年之后企业 TFP 更是在绝对数值上缩小了与其他行业的差距。这也说明，资源密集型行业对西部大开发减税政策的敏感度较高，可以得出的政策启示是，在后续的宏观调控政策工具选择中，可以优先选择税收政策对资源密集型企业进行调控，这有助于政府政策制定的精准性。

二、技术密集型企业的影响特征检验

西部大开发区域减税政策实施后，技术密集型企业 TFP 一直维持最高，技术密集型企业技术装备程度比较高，所需劳动力或手工操作的人数比较少，产品成本中技术含量消耗占比重，这可能是其企业 TFP 能持续维持高位的主要原因。

表 5.8　西部大开发区域减税政策影响技术密集型企业 TFP 的检验结果

	(1)	(2)	(3)	(4)	(5)	(6)	(7)
Treat × ETR × YR 2001	0.105 (0.072 6)	0.047 0 (0.072 2)	0.056 7 (0.099 9)	0.023 2 * * (0.083 6)	0.026 1 * * (0.086 2)	0.028 2 * * (0.088 4)	0.021 2 * * * (0.084 1)
Observations	9 369	9 369	9 366	8 005	7 988	7 988	76 136
R-squared	0.104	0.143	0.211	0.822	0.826	0.829	0.851
City FE	不控制	不控制	控制	控制	控制	控制	控制
Year FE	控制	控制	控制	控制	控制	控制	控制
Industry FE	不控制	控制	控制	控制	控制	控制	控制
Firm FE	不控制	不控制	不控制	控制	控制	控制	控制
City × Industry FE	不控制	不控制	不控制	不控制	控制	控制	控制
Industry × Year FE	不控制	不控制	不控制	不控制	不控制	控制	控制

注：括号内数字为在城市层面聚类，并纠正了异方差后的稳健标准误；* * *、* * 和 * 分别表示检验的显著性水平为1%、5%和10%。表中(7)列额外加入了企业规模、企业的资产负债率、资产报酬率、企业出口规模、企业获得政府补贴收入等控制变量。

从回归结果中也可以看出，在控制了城市固定效应、年份固定效应、行业固定效应和企业固定效应后，估计系数显著为正值，表明西部大开发减税政策对技术密集型企业生产率具有显著促进作用。加入了企业规模、企业的资产负债率、资产报酬率、企业出口规模、企业获得政府补贴收入等控制变量后，估计系数稳定在 0.02 左右，从数值测算的角度来分析，减税政策对技术密集型企业生产率的提升贡献了 2% 左右。但与其他三类行业中的回归系数相比，技术密集型企业生产率的回归系数则是最小的，这说明西部大开发区域减税政策对技术密集型企业生产率的促进作用低于对其他三类企业生产率的促进作用。

这可能的解释是，技术密集型企业的技术含量较高，技术的积累并不能在短期内得到较大提升，它们本身面临的融资约束条件比较弱，从而是否享受减税政策对它们的经营活动影响效果不明显。由此，区域减税政策工具对技术密集型企业 TFP 的作用效果是有限的，技术密集型企业对减税政策的敏感度较低，后续政策制定中，应当尽量避免采用减税这类政策效力不高的工具。

三、劳动密集型企业的影响特征检验

由表 5.9 中的回归结果可知，在控制了城市、行业、企业等层面的固定效应之后，估计系数为正值，且通过了显著性水平检验。但控制不同变量的情况下，各个估计系数差异较大，数值区间为 0.035 3 到 0.122，按照这个区间测算的话，西部大开发区域减税政策能够使得西部劳动密集型企业的生产率提升 3.5% ～ 12%。加入了企业规模、企业的资产负债率、资产报酬率、企业出口规模、企业获得政府补贴收入等控制变量后，模型的估计系数稳定在 0.07 左右，该系数的大小与其他三类企业相比，处于中间位置。该系数与资本密集型企业的回归系数基本相同，从前文的统计分析中也可以看出，劳动密集型企业 TFP 与资本密集型企业 TFP 的走势比较接近。

表 5.9　西部大开发区域减税政策影响劳动密集型企业 TFP 的检验结果

	(1)	(2)	(3)	(4)	(5)	(6)	(7)
Treat × ETR × YR 2001	−0.032 0 (0.035 6)	−0.059 6 (0.033 8)	0.122 ** (0.055 5)	0.035 3 * (0.043 7)	0.038 8 * (0.044 1)	0.041 8 * (0.045 7)	0.071 2 *** (0.024 1)
Observations	25 484	25 484	25 481	21 761	21 744	21 744	76 136

续表

	(1)	(2)	(3)	(4)	(5)	(6)	(7)
R-squared	0.118	0.197	0.261	0.832	0.834	0.837	0.851
City FE	不控制	不控制	控制	控制	控制	控制	控制
Year FE	控制	控制	控制	控制	控制	控制	控制
Industry FE	不控制	控制	控制	控制	控制	控制	控制
Firm FE	不控制	不控制	不控制	控制	控制	控制	控制
City×Industry FE	不控制	不控制	不控制	不控制	控制	控制	控制
Industry×Year FE	不控制	不控制	不控制	不控制	不控制	控制	控制

注:括号内数字为在城市层面聚类,并纠正了异方差后的稳健标准误;***、**和*分别表示检验的显著性水平为1%、5%和10%。表中(7)列额外加入了企业规模、企业的资产负债率、资产报酬率、企业出口规模、企业获得政府补贴收入等控制变量。

劳动密集型企业生产率在2005年之后反超了资本密集型企业,这反映出我国劳动生产率的平均水平在不断上升。一般而言,劳动密集型企业会更加注重人力资本培养、员工培训等方面的工作,企业员工自身工作能力的提高有一大部分来自员工工作经验的积累,也就是员工在实际的工作工程中会使自身的能力得到提升,即"干中学"效应。这为我们提供的政策启示是,后续政策制定过程中,可以通过减税政策针对性地提升劳动密集型企业的人力资本培养水平。

四、资本密集型企业的影响特征检验

同技术密集型产业相比,资本密集型产业的产品产量同投资量成正比,而同产业所需劳动力数量成反比。如表5.10中的回归结果所示,西部大开发区域减税政策对资本密集型企业生产率的估计系数不稳定,但在加入了企业规模、企业的资产负债率、资产报酬率、企业出口规模、企业获得政府补贴收入等控制变量后,该系数稳定在0.07左右,说明减税政策对资本密集型企业生产率的提高具有较为显著的作用。

与其他三类企业生产率系数的对比来看,减税政策这类普惠性的政策对各种行业基本都存在一定的促进作用。西部大开发区域减税政策对资源密集型企业生产率的促进作用最高,其次是劳动密集型企业和资本密集型企业,最低的是技术密集型企业。

表 5.10 西部大开发区域减税政策影响资本密集型企业 TFP 的检验结果

	(1)	(2)	(3)	(4)	(5)	(6)	(7)
Treat×ETR×YR 2001	−0.043 6 (0.035 8)	−0.045 2 (0.035 1)	0.081 5 (0.074 4)	−0.026 6 (0.063 3)	−0.042 4 (0.063 6)	0.023 2 * (0.065 2)	0.071 2 * (0.024 1)
Observations	18 054	18 054	18 052	15 155	15 140	15 140	76 136
R-squared	0.073	0.111	0.169	0.781	0.784	0.789	0.851
City FE	不控制	不控制	控制	控制	控制	控制	控制
Year FE	控制	控制	控制	控制	控制	控制	控制
Industry FE	不控制	控制	控制	控制	控制	控制	控制
Firm FE	不控制	不控制	不控制	控制	控制	控制	控制
City×Industry FE	不控制	不控制	不控制	不控制	控制	控制	控制
Industry×Year FE	不控制	不控制	不控制	不控制	不控制	控制	控制

注:括号内数字为在城市层面聚类,并纠正了异方差后的稳健标准误;* * *、* * 和 * 分别表示检验的显著性水平为1%、5%和10%。表中(7)列额外加入了企业规模、企业的资产负债率、资产报酬率、企业出口规模、企业获得政府补贴收入等控制变量。

西部大开发区域政策是一系列政策组合,包括基础设施投资、转移支付等。基础设施投资是非常有利于资本密集型行业和劳动密集型行业发展的,基础设施主要包括交通运输、机场、港口、桥梁、通信、水利及城市供排水、供气供电设施和提供无形产品或服务于科教文卫等部门所需的固定资产,它既是物质生产的重要条件也是劳动力再生产的重要条件。经济起飞离不开基础设施建设的助推。启动大规模的基础设施建设,能够为经济高速增长奠定坚实的基础。资本密集型行业是基础设施投资中受益最多的行业,重资产的运营能够使其获得丰厚的收益。而收益的易获得性使企业进一步减轻了面临的压力,企业乐于接受这部分红利,其可支配利润的增加有可能使得企业进行简单重复的规模扩张以此获取“量”的增加带来的收益,而非通过提高生产率来获取“质”的提升带来的收益。企业家会进行简单的规模扩张或乐于享受政策红利,这个过程中企业的生产率也会有相应的提高,但企业生产率的增速将不如资源密集型企业的增速高。

第三节　西部大开发减税政策影响企业生产率的企业层面特征检验

本节主要考察西部大开放区域减税政策影响企业生产率的企业层面特征,企业层面则分为不同所有制企业和不同规模大小的企业两个方面。不同所有制企业分为国有企业、私营企业和外资企业三类,企业规模的区分方式则运用分位数进行分类回归。

一、不同所有制企业的影响特征检验

从表 5.11 的回归结果可以看出,整体而言,西部大开发区域减税政策对三种不同类型的企业生产率均有显著促进作用,只不过在系数大小上存在一定差异。按照系数的大小进行测算,西部大开发区域减税政策可以使得国有企业生产率提高 7.42%、民营企业生产率提高 3.58%、外资企业生产率提高 3.86%。减税政策对国有企业生产率的促进作用远高于私营企业和外资企业。

表 5.11　西部大开发区域减税政策对不同所有制企业生产率的回归结果

	(1) 国有企业	(2) 民营企业	(3) 外资企业
Treat×ETR×YR 2001	0.074 2 * * * (0.019 7)	0.035 8 * * (0.015 5)	0.038 6 * * * (0.009 88)
Observations	24 308	28 635	10 898
R-squared	0.600	0.342	0.484
City FE	控制	控制	控制
Year FE	控制	控制	控制
Industry FE	控制	控制	控制
Firm FE	控制	控制	控制
City×Industry FE	控制	控制	控制
Industry×Year FE	控制	控制	控制

注:括号内数字为在城市层面聚类,并纠正了异方差后的稳健标准误;* * *、* * 和 * 分别表示检验的显著性水平为 1%、5% 和 10%。

正如之前的统计分析中所述，外资企业的平均生产率水平高于私营企业，私营企业的生产率水平高于国有企业，这与我们的基本认知是一致的。一方面，可能国有企业生产率水平起点较低，进而减税政策对其生产率提高的边际效用较大是造成上述回归结果的原因之一。另一方面，国有企业并非是市场化机制下单一追求利润最大化的企业，国有企业拥有天然的政治资源和政治属性，因此，在政府调控政策的落实方面具有较大优势，国有企业事实上已经成为政府进行宏观经济政策落地的主要力量。

另外，三类企业的生产率在2000年之前基本处于增长停滞甚至下降的状态，受益于西部大开发区域减税政策，三类企业的生产率增速均有所增加，国有企业生产率增速最快，这与回归结果显示的一致。主要原因是与其国有垄断的行业和企业特征有关，国有企业与民有企业两类企业面临着迥异的约束条件和目标函数。一般情况下，从政策的实施目标来看，国有企业能够更快速地实现政府的集中目标、落实相关政策条款。由此，本书可得出的政策启示是，国有企业对政府主导的减税政策等宏观调控工具的敏感度更高，后续政策制定过程中，可以据此进行差异化调控。

二、不同规模企业的影响特征检验

为了实证检验不同规模的企业在面临区域减税政策时所产生的异质性作用效果，本书参考Hsieh的做法将企业按照资产规模在年份、行业层面的四分位进行分组，并进行回归。估计结果见表5.12，可知西部大开发区域减税政策对资产规模在最低25%分位数组的企业影响最为显著，而在其他组的估计结果都不显著。

表5.12　按企业资产规模四分位数分组回归结果

TFP	(1) 25分位数	(2)25～ 50分位数	(3)50～ 75分位数	(4) 75分位数
Treat×ETR× YR 2001	0.228 * * (0.098 7)	0.056 8 (0.110)	0.121 (0.090 1)	0.002 12 (0.093 6)
Observations	37 312	38 192	37 796	36 828
R-squared	0.815	0.807	0.805	0.848

续表

TFP	(1) 25 分位数	(2)25 ～ 50 分位数	(3)50 ～ 75 分位数	(4) 75 分位数
City FE	控制	控制	控制	控制
Year FE	控制	控制	控制	控制
Industry FE	控制	控制	控制	控制
Firm FE	控制	控制	控制	控制
City× Industry FE	控制	控制	控制	控制
Industry× Year FE	控制	控制	控制	控制

注:括号内数字为在城市层面聚类,并纠正了异方差后的稳健标准误;* * *、* * 和 * 分别表示检验的显著性水平为1%、5%和10%。

这说明西部大开发区域减税政策对规模较小的企业具有更加明显的促进作用,而随着企业规模的上升,其促进作用逐渐变小。其原因可能存在于两个方面:第一,规模较大的企业生产率水平本身已经达到了较高区间,研发投入、创新活动也相对比较稳定,减税政策对于企业的帮助在边际上的作用相对于规模较小企业的作用是更小的;规模较小的企业急需在生产或经营方面扩张,寻求自身的核心优势,创新、研发等活动可能受外部资金约束和自身利润的限制会更多,因此,减税政策对其促进作用则会更加明显。第二,规模较小的企业更容易形成集聚经济,减税政策能够进一步吸引企业迁移至减税区域,在该区域产生集聚经济,由于新进入企业会给同区域的企业带来劳动力技术升级、产业集聚等正向“溢出效应”,从而通过共享、匹配和学习等机制提升企业生产率水平。

由此可知,实行区域减税政策在作用效果上应当着重考虑对规模较小企业的影响。规模较小的企业对减税政策的敏感度更高,减税政策能够在边际上更多地促进小企业生产率的提升。

第四节　西部大开发减税政策影响企业生产率的地区特征检验

本节主要是运用双重差分法对西部大开发区域减税政策影响企业生产率的地区特征进行实证检验。

首先，在前文中，政策边界线两侧的企业按照所属的城市和区县进行了划分，并运用双重差分法进行了检验，但这可能会导致样本出现“被平均”效应。即，由于政策边界线从北到南横跨整个中国，南北地区差异较大，对照组和实验组进行实证检验的结果是包括南北地区的企业在内的所有企业生产率平均化的结果，并不能说明减税政策对企业生产率的促进作用在南方或北方地区均有效。

其次，本节在前文不同地区企业生产率的现状和区域差异统计性分析的基础上，按照省级行政单位从北到南依次划分为五组：(1) 内蒙古与河北、黑龙江、吉林、辽宁；(2) 陕西与山西、河南；(3) 重庆与湖北；(4) 贵州与湖南；(5) 广西与广东。

再次，将前文中进行实证的西部大开发区域减税政策边界线两侧的城市进行梳理，按照该城市隶属于上述五组中的哪个省份进行归类。需要注意的是，本节中进行的五组省份的实证检验，并非使用各省中所有企业的数据，而是使用前文中边界线城市中的企业。如此一来，不仅避免了边界线两侧省份由于地理环境等方面存在较大差异，无法满足平行趋势假设的弊端，而且能够检验是否存在“被平均”效应，对前文的结果进行稳健性验证。

最后，对五组回归结果进行对比分析，得出相应结论。

一、地区特征检验结果

第一组是内蒙古自治区与河北省、黑龙江省、吉林省、辽宁省，从表 5.13 中可以看出，西部大开发区域减税政策对内蒙古自治区的企业生产率提升发挥了显著促进作用。在控制了年份固定效应、行业固定效应和地区固定效应后，结果依旧稳健。内蒙古自治区省界线比较绵长，内蒙古横跨中国东北、华北、西北三大地区，接邻八个省区，是中国邻省较多的省级行政区之一。在西部大开发政策线边界上就与四省相邻，减税政策的实施一方面可以缓解内蒙古自治区原有企业的融资约束，并且可以增加其可支配利润，另一方面还可以吸引相邻地区的企业进入内蒙古地区，从而形成集聚效应。当然，这与内蒙古自身的自然禀赋是不可分割的。内蒙古资源储量丰富，有“东林西矿、南农北牧”之称，草原、森林和人均耕地面积居全中国第一，稀土金属储量居世界首位，同时也是中国最大的草原牧区。《经济蓝皮(2015—2016)》认定内蒙古为中国大陆 6 个步入高收入阶段和工业化后期阶段的省级单位之一。此外，在1998—2007年这一时间段，东北三省的经济增长还是比较强劲的，内蒙古能够依靠减税政策优势与东北三省强劲的增长态势形成互动互补，使其企业生产率维持较高增速。

表5.13 减税政策影响企业生产率的地区特征回归结果

	第一组	第二组	第三组	第四组	第五组
Treat×ETR×YR 2001	0.129 *** (0.035 8)	0.055 *** (0.030 0)	0.030 2 ** (0.030 9)	0.080 0 *** (0.028 6)	0.316 *** (0.022 9)
Observations	18 179	15 617	14 475	17 885	20 902
R-squared	0.225	0.332	0.206	0.317	0.180
年份固定效应	控制	控制	控制	控制	控制
行业固定效应	控制	控制	控制	控制	控制
县固定效应	控制	控制	控制	控制	控制

注：括号内数字为在城市层面聚类，并纠正了异方差后的稳健标准误；***、**和*分别表示检验的显著性水平为1%、5%和10%。

第二组是陕西与山西、河南，从表5.13中可以看出，西部大开发区域减税政策影响陕西省企业生产率的估计系数显著为正值。同样，本书在控制了年份固定效应、行业固定效应和地区固定效应后，该系数依旧稳健。在自然资源视角下进行分析，陕西省陕北地区主要以优质煤、石油、天然气、黏土类矿产、盐类等为主，关中地区及其相邻地区则主要是以煤、建材矿产、地热、矿泉水等为主，陕南秦巴山区则主要是以有色金属、贵金属、黑色金属及各类非金属矿产为主。陕西省保有的资源储量在全国排名靠前十位的矿产能够达到64种，其保有资源储量潜在价值也位于全国第一位，并占全国矿产资源潜在价值总值的三分之一。陕西省拥有的得天独厚的自然资源优势吸引了众多的国有企业的进入，这类企业掌握了雄厚的自然资源优势，比民营企业存在更强的竞争优势，也是中央政府进行宏观调控实施的有效工具，能够帮助国家有效实施稳增长、保就业和调结构，同时国有企业能够拥有较快的企业生产率增长速度。这也与前文分行业回归结果和分企业所有制回归结果相符合。

第三组是重庆与湖北，从表5.13中可以看出，西部大开发区域减税政策对重庆市的企业生产率提升具有明显的促进作用。重庆市本身就是直辖市，能够享受到国家较多的政策倾斜，同时，重庆是西南地区最大的工商业城市，国家重要的现代制造业基地。从这一层面来讲，减税政策对重庆市的企业生产率可能边际效用会相对较低。这也与其回归系数相对较小比较符合。从现实经济增长角度来讲，重庆和湖北的企业生产率都得到了快速提升，两省相邻，企业间相互竞争、相互学习，形成了较好的良性循环。

第四组是贵州与湖南，从表5.13中可以看出，西部大开发区域减税政策对贵州省的企业生产率提升具有较为显著的促进作用。同样，本书在控制了年份固定效应、行业固定效应和地区固定效应后，该结论依旧稳健。减税政策可以冲抵企业融资约束，企业享受减税政策后，等同于用其非自有资金进行研发投入，可能会刺激企业进行研发资本投入，同时可以产生创新投入的外溢效应，从而对企业生产率产生提升作用；享受政策后使得企业可支配利润增加，进而可能使得企业通过人力资本积累、提高薪资、吸引高水平人才、加大研发资本投入、投资新厂房设备、更新陈旧的基础设施等措施提高企业生产率；减税政策能够起到对企业家创新创业活动的激励引导作用，较低的税率能够提升企业家进行创新创业的积极性，从内部而言可以促进创业企业进行研发，从外部而言可以使相关企业在产业链上下游或横向层面形成集聚经济，促进企业生产率的提高。

此外，贵州矿产资源丰富，是矿产资源大省。贵州省发现矿产110多种，其中有76种探明了储量，有多种保有储量排在全国前列，煤炭储量大，煤种齐全、煤质优良，素有“江南煤海”之称，2002年末保有储量为492.27亿吨；铝土矿保有储量为4.24亿吨；磷矿储量26.95亿吨，占全国总量的40%以上；重晶石储量为全国的三分之一；金矿储量居全国第十二位，是中国新崛起的黄金生产基地。这些得天独厚的自然资源优势使得省内规模以上企业多是国有企业，国有企业作为执行区域政策、产业政策的主力军，能够更快更好地落实减税政策，使其生产率增速更高。同时，相比于其他几个省份的企业而言，贵州省的企业规模处于相对较小的区间，由前文的分析可知，规模相对较小企业的生产率增速也更快。这都可以佐证贵州省企业生产率增速更快的状况。

第五组是广西与广东，从表5.13中可以看出，西部大开发区域减税政策对广西壮族自治区的企业生产率提升具有较为显著的促进作用。同样，本书在控制了年份固定效应、行业固定效应和地区固定效应后，该结论依旧稳健。除去前文分析的缓解企业融资约束、增加企业可支配利润、吸引企业集聚产生学习效应和选择效应，以及激励企业家创新创业等影响因素外，虽然广西壮族自治区的企业生产率水平在边界线的五个省份中基本维持在前列，但广东省的经济水平和经济增速在国内是首屈一指的。所以，本书认为最主要的因素是广西壮族自治区和广东省的经济发展差距过大，使得广西壮族自治区享受到减税政策后，一方面吸引了足够多的广东的企业前去投资建厂，产生集聚效应，对企业生产率有较大提升；另一方面是由于广西壮族自治区原本的企业生产率水平较低，因此这些企业拥有较大的上升空间，使得其企业生产率水平能够较快提高。此外，对比广西和广东的产业结构可以发现，广东的经济增长更加依赖第三产业的拉动，而广西则更大程度上承接了广东的第二产业，在功能上也与广东的制造业互相补充。从这个意义上讲，广东的经济发展与升级对广西有明显的带动作用。

二、对比分析及启示

从上述分析可知，紧邻西部大开发区域减税政策边界线的五组省份中，内蒙古、陕西、重庆、贵州与广西的企业生产率都得到较大提升，这进一步证明了前文回归结果的稳健性，即运用更加细致、可比的地理分段，避免边界线两侧省份由于地理环境等方面存在较大差异，无法满足平行趋势假设的弊端，回归结果表明前文的结论不存在“被平均”效应。另外，从本节的研究结论可以看出，西部大开发区域减税政策能够促进企业生产率的提升，一方面是源自于减税政策的作用效果，另一方面是与其各自的对照组有关。

比较明显的是，陕西省的企业生产率水平是不断提高的，但山西省和河南省的增速有可能比较低。在这种情况下，如果陕西省进一步享受到减税政策的利好，则对山西省和河南省可能是一种负面作用。生产率较高的企业有可能会迁移到政策环境更有利的陕西省，这样则会形成循环作用，使得强者越来越强、弱者越来越弱，这就会违背政策制定时协调区域发展的均衡、缩小区域发展差距的初衷和目标。因此，减税政策在制定的过程中，不仅要考虑该地区是否需要这类优惠政策，还需要考虑政策的空间效应，即该政策实施后，相邻地区的企业会不会受到影响，政策的实施能否与周边区域形成良性互动而非以邻为壑。正如广西和广东，广西壮族自治区的经济发展水平远远落后于广东省，但由于地理位置的优势，广东的经济发展对广西具有促进和带动作用。减税政策在广西的实施一方面能够为省内企业切实降低负担、增强其竞争力和创新能力，另一方面也不会对广东省的经济发展产生负面作用，反而可能会加速广东省的产业转移、促进其产业结构的进一步优化，使得两个地区形成产业的合理迁移、资源的优势互补。

综合而言，政策制定者在进行政策设计时，不仅需要事先预估政策实施后对该区域产生何种影响，还需要考虑到政策的空间效应，形成政策实施区域与周边区域双赢与多赢的局面。

第六章　区域政策、环境规制与企业生产率异质性

为了实现现代化建设的目标，中国政府先后实施了多项区域政策，旨在提升经济效率，促进区域协调发展。但在执行过程中，在多种内外部因素影响下政策是否有效存在很多争论。例如，区域政策在落地过程中，能否与所在地的具体特征相结合是影响产出效率的重要因素。事实上，对于区域政策能否提升产出效率之所以存在分歧，往往是没有考虑政策效果的异质性特征或对政策效果区分不到位导致的。因此，对区域政策异质性的深入分析，以及考察政策与所在地实际特征的耦合效果，是区域政策分析的重中之重，对于增强区域政策对产出效率的提升作用以及下一步如何制定政策具有一定的指导意义。

作为中央层面指定的重大区域发展战略，西部大开发区域政策对企业而言形成了外生冲击，为我们提供了评估区域政策效果的研究对象。该政策实施以来，西部地区经济增长的速度得到较大提高，当地企业生产率整体实现了 7% 的增长。但伴随着经济增长和效率提升，西部地区却同时出现了环境持续恶化和污染转移等现象。刘瑞明和赵仁杰等认为西部大开发过程中存在着“政策陷阱”；邵帅和齐中英认为政府过度依赖固定资产投资和开发能源资源，使得西部大开发过程中出现了资源诅咒效应。

已有研究已经关注到西部大开发实施过程中的经济发展与环境资源破坏并存的现象，但多在宏观层面展开，并且鲜有研究将二者纳入统一的分析框架进行分析。本章认为在深入剖析西部大开发区域政策的经济效果时应同时兼顾其环境属性，因此从企业层面环境规制强度的差异性入手，分析西部大开发区域政策对不同污染程度企业生产率的异质性影响。主要内容及创新性如下：首先，扩展异质性企业选择模型，将区域政策和环境规制变量纳入其中，并通过数值模拟发现西部大开发政策更有利于提高西部地区高污染类型企业的生产率；其次，利用中国工业企业数据库，采用三重差分和分组回归的

方法实证检验西部大开发政策对西部地区高、低污染类型企业生产率的影响；再次，从西部地区环境规制的强度入手，探究影响高、低污染类型企业生产率异质性的原因；最后，利用“无条件分布特征－参数对应方法”，将西部大开发区域政策的生产率增长效应进行分解，从集聚效应和选择效应两方面探究其作用机制。

第一节　理论模型分析

一、消费者行为

假设整个经济体仅存在两个区域：西部区域 W 和中部区域 M，且两个区域的消费者同质，代表性消费者的效应函数为拟线性形式，具体如下：

$$U=q^0+\alpha\int_{r\in\Omega}q^r\mathrm{d}r-\frac{1}{2}\gamma\int_{r\in\Omega}(q^r)^2\mathrm{d}r-\frac{1}{2}\eta\left(\int_{r\in\Omega}q^r\mathrm{d}r\right)^2;\quad \alpha,\eta,\gamma>0 \tag{6.1}$$

其中，q^0 为代表性消费对同质性商品的消费量；q^r 表示差异化商品集 Ω 中第 r 种商品的消费量；参数 α 和 η 反映了消费者对同质性商品和差异化商品之间的替代性，α 越大和 η 越小表示消费者更加偏好差异化商品；参数 γ 则反映了消费者对多样性的偏好程度。

假设消费者对同质性商品的消费量恒为正，即 $q^0>0$。通过求解消费者效用最大化问题，可以得到第 r 种差异化商品的反需求函数为

$$p^r=\alpha-\gamma q^r-\eta\int_{j\in\Omega}q^j\mathrm{d}j \tag{6.2}$$

其中，p^r 为商品 r 的价格。由于商品的消费量非负，当某种商品的价格过高，其消费量将为 0。记 $\bar{\Omega}$ 为消费量大于 0 的消费集，其包含的商品种类记为 $|\bar{\Omega}|$。将式(6.2)在集合 $\bar{\Omega}$ 上积分，可以得到商品 r 需求函数：

$$q^r=\begin{cases}\dfrac{1}{\gamma+\eta|\bar{\Omega}|}\left(\alpha+\dfrac{\eta}{\gamma}|\bar{\Omega}|P\right)-\dfrac{1}{\gamma}p^r=\dfrac{1}{\gamma}(\bar{h}-p^r), & p^r\leqslant\bar{h}\\ 0, & p^r>\bar{h}\end{cases} \tag{6.3}$$

其中，$P=1/|\bar{\Omega}|\int_{r\in\bar{\Omega}}p^r\mathrm{d}r$ 为消费集 $\bar{\Omega}$ 的平均价格；$\bar{h}=\alpha\gamma+\eta|\bar{\Omega}|P/\gamma+\eta|\bar{\Omega}|>0$ 为商品 r 消费量非负时的价格门槛。从而区域 $v\in\{W,M\}$ 对商品 r 的总需求函数为

$$Q_u^r=\frac{N_v}{\gamma+\eta|\bar{\Omega}_v|}\left(\alpha+\frac{\eta}{\gamma}|\bar{\Omega}_v|P_v\right)-\frac{N_v}{\gamma}p^r \tag{6.4}$$

其中，$|\bar{\Omega}_v|$ 为区域 v 消费差异化产品的种类；P_v 为区域 v 的平均价格；N_v 为区域 v 的总人口。鉴于本书旨在分析西部大开发政策对异质性企业的影响，为了简化分析，本书忽略人口的影响，假设 $N_W=N_N=1$。

二、生产者行为

假设劳动力是生产的唯一要素，完全竞争且供给弹性为 0，1 单位劳动力的工资标准化为 1。同质性商品市场完全竞争，不存在贸易成本，且不会造成污染；生产同质性商品的企业规模报酬不变，即 1 单位劳动力投入可以得到 1 单位产出。

差异化商品的生产则会造成污染，按单位产品造成污染的不同，可将生产差异化商品的企业进一步划分为两个行业，高污染行业和低污染行业。且差异化商品市场为垄断竞争，企业需要预先支付固定成本，而边际成本则由企业自身生产特征、环境规制和集聚效应和共同决定。位于区域 u 内，行业为 k 的差异化商品生产企业的边际成本函数为

$$mc(u,k,h)=f_u^k\frac{h^{d_u}}{a_u} \tag{6.5}$$

其中，h 为企业自身特征的测度，当不考虑环境规制和集聚效应时（即 $f_u^k,d_u,a_u=1$ 时），企业生产 1 单位差异化产品所需要雇用 h 单位劳动力，参照 Melitz 和 Ottaviano 的设定，假设 $1/h$ 服从参数为 σ 帕累托分布，从而 h 分布函数为 $G(h)=(h/h_{\max})^\sigma$。

f_u^k 则为区域 u 的地方政府对行业 k 内的企业实施的环境规制。为了遵循地方政府的环境规制，企业将会雇用更多的劳动力。环境规制的设定如下：

$$f_u^k=\begin{cases}1 & k\text{ 为低污染行业},u\in\{M,W\}\\ f_W & k\text{ 为高污染行业},u=W\\ f_M=\Phi f_W>1 & k\text{ 为高污染行业},u=M\end{cases} \tag{6.6}$$

对于低污染行业(简记为“low-pol”,下同)内的企业,两区域均不进行环境规制;而对于高污染行业(简记为“high-pol”,下同),由于西部区域的经济发展水平相对较低,地方政府的注意力更多地聚焦于经济增长,甚至可能出现环境规制“逐底竞争”的现象,Van Rooij 和 Carlos 也发现西部区域地方政府对于污染的处罚低于中部区域,故而另 $\Phi > 1$。

集聚效应对边际成本影响,本书参考 Forslid 和 Okubo 的设定采用外生参数衡量。同时借鉴 Com bes 等的设定,将集聚效应分为两类:其一为对区域 u 所有企业有相同影响的集聚优势 a_u,即通过共享、匹配和学习等机制降低所有企业的边际成本;其二为区域 u 内不同企业存在异质性影响的集聚效应 d_u,若 $d_u > 1$ 则意味着低成本(高效率)企业将会在集聚效应中收益更多,而 $d_u < 1$ 则表明高成本(低效率)企业将会在集聚效应中收益更多,$d_u = 1$ 则说明集聚效应对所有企业是无差异的。

从而对于差异化产品生产企业,可以用三维数组(u,h,k)指代。对于企业(u,h,k),由式(6.4)可以知其在区域 v 的需求为

$$q_{uv}(h) = \frac{N_v}{\gamma + \eta \mid \bar{\Omega}_v \mid}\left(\alpha + \frac{\eta}{\gamma} \mid \bar{\Omega}_v \mid P_v\right) - \frac{N_v}{\gamma} p_{uv}(h) = \frac{N_v}{\gamma}[\bar{h}_v - p_{uv}(h)] \tag{6.7}$$

其中,$p_{uv}(h)$ 为企业(u,h,k)在区域 v 的差异化商品定价。进而,该企业在区域 v 的利润函数如下:

$$\pi_{uv}^k(h) = (1 + t_u)\left[p_{uv}(h) - f_u^k \tau_{uv} \frac{h^{d_u}}{a_u}\right] q_{uv}(h) \tag{6.8}$$

其中,t_u 为区域 u 的政策优势,减税、转移支付、人才支持等一揽子西部大开发政策将会提高企业利润。不失一般性的,将中部区域的政策优势标准化为 0,从而记西部大开发的政策优势为 $t_W = T_W > 0$。τ_{uv} 则为对称的冰川型式贸易成本,具体如下:

$$\tau_{uv} = \begin{cases} 1, & u = v \\ \tau > 1, & u \neq v \end{cases} \tag{6.9}$$

对于企业(u,h,k),求解利润最大化问题,可以得到该企业的最优定价如下:

$$p_{uv}(h) = \frac{1}{2}\left(\bar{h}_v + f_u^k \tau_{uv} \frac{h^{d_u}}{a_u}\right) \tag{6.10}$$

此外,若企业利润为负,则企业将会停止经营,从而该企业的利润为

$$\Pi_{uv}^{k}(h)=\begin{cases}\dfrac{N_v}{4\gamma}(1+t_u)\left(\bar{h}_v-f_u^k\tau_{uv}\dfrac{h^{d_u}}{a_u}\right)^2, & h\in(0,C_{uv}^k]\\ 0, & h\in(C_{uv}^k,\infty)\end{cases} \tag{6.11}$$

其中,$C_{uv}^k=\left(\dfrac{a_u\bar{h}_v}{f_u^k\tau_{uv}}\right)^{1/d_u}$ 为企业进行生产的临界成本。

三、自由进入条件

在垄断竞争市场中,只要生产该差异化产品可以获得利润,就会有企业不断进入,仅期望利润为 0 时市场达到均衡,即满足如下方程:

$$\sum_{v\in\{W,M\}}\int\Pi_{uv}^{k}(h)\mathrm{d}h=s \tag{6.12}$$

为了进一步简化分析,假设所有差异化产品生产企业进入市场的沉没成本均为 s。

四、均衡分析

通过求解上述模型,中部区域和西部区域的价格门槛决定方程如下:

$$\begin{aligned}&\left(\frac{1}{f_W^k}\right)^{\sigma/d_W}(\bar{h}_W)^{\frac{2d_W+\sigma}{d_W}}+\left(\frac{1}{\tau f_W^k}\right)^{\sigma/d_W}(\bar{h}_M)^{\frac{2d_W+\sigma}{d_W}}=\\&\frac{2\gamma(d_W+\sigma)(2d_W+\sigma)h_{\max}^{\sigma}}{d_W^2(a_W)^{\sigma/d_W}(1+T_W)}\\&\left(\frac{1}{f_M^k}\right)^{\sigma/d_M}(\bar{h}_M)^{\frac{2d_M+\sigma}{d_M}}+\left(\frac{1}{\tau f_M^k}\right)^{\sigma/d_M}(\bar{h}_W)^{\frac{2d_M+\sigma}{d_M}}=\\&\frac{2\gamma(d_M+\sigma)(2d_M+\sigma)h_{\max}^{\sigma}}{d_M^2(a_M)^{\sigma/d_M}}\end{aligned} \tag{6.13}$$

进而可以得到两区域企业生产的临界成本。而企业生产率即为企业单位劳动投入得到的产品量,借鉴Com bes等的研究,可以得到各区域的生产率门槛如下:

$$\bar{\varphi}_u^k=\frac{a_u}{F_u^k(\bar{h}_u)^{d_u}};\quad u\in\{M,W\},k\in\{\text{low-pol},\text{high-pol}\} \tag{6.14}$$

$\Gamma_k = \bar{\varphi}_W^k / \bar{\varphi}_M^k$ 则为中部和西部区域的行业 k 生产率的异质性测度，若 $\Gamma_k > 1$ 则表示西部区域 k 行业的生产率显著高于中部区域。而 $|\Gamma_{\text{high-pol}} - \Gamma_{\text{low-pol}}|$ 则可测度西部大开发政策对中西部区域的产业异质性。

五、数值模拟与机制分析

由于方程组(6.13)无法得到显式解，以下通过数据模拟方法进行比较静态分析。对于模型中参数，取$\sigma=2$，；不失一般性的，本书将中部区域的聚集效应均标准化为1，即令 $a_M = d_M = 1$，西部区域地方政府对高污染行业的环境规制也标准化为1，即令 $f_W = 1$，从而根据前述设定，中部区域对高污染行业的环境规制为 $f_M = \Phi$；此外取 $\tau = 1.5$，$\gamma = 2$，$h_{\max} = 30$，数值模拟的结果如图 6.1 所示。

根据上述数值模拟结果，随着西部大开发的推进，西部区域由于存在政策优势，西部区域所有行业的利润和生产率均因该政策优势而得到提高。造成这一现象的原因有以下两个方面：其一，企业经营成本降低。西部大开发的税收优惠将直接增加企业的可支配利润，信贷和转移支付则将有效缓解企业融资约束，而成本的下降不仅能提高企业利润，还将激励加大创新投入。其二，高质量人才引入。西部大开发对西部区域基础设施的改善、相关的人才扶持政策将为西部吸引更多高质量创新人才，由此带来的人力资本质量的提升以及知识溢出效应也将提高企业的生产效率。另一方面，由于西部区域的环境规制相对宽松，因而对于高污染企业，选址在西部区域还将会减少环境规制成本的支出，从而西部大开发政策对其的促进作用将进一步放大，即高污染和低污染行业之间存在显著的异质性，且异质性的大小还随政策优势的提升而增加[见图 6.1(a)]。

在集聚效应方面，集聚优势的提升将通过共享、匹配和学习等机制降低全行业各企业的边际成本，进而提高企业的生产率，而较低的边际成本将会吸引企业选址于该区域，从而进一步推高集聚优势，即形成循环累积因果。特别地，对于西部区域的高污染行业，由于西部大开发的政策优势和较低的环境规制成本，集聚优势所带来的边际成本下降效应将会进一步扩大，从而高污染行业将存在更高的生产率和集聚优势，即西部区域集聚优势的大小与西部区域全行业的生产率、行业间异质性的大小均存在显著的正相关性[见图 6.1(b)]。

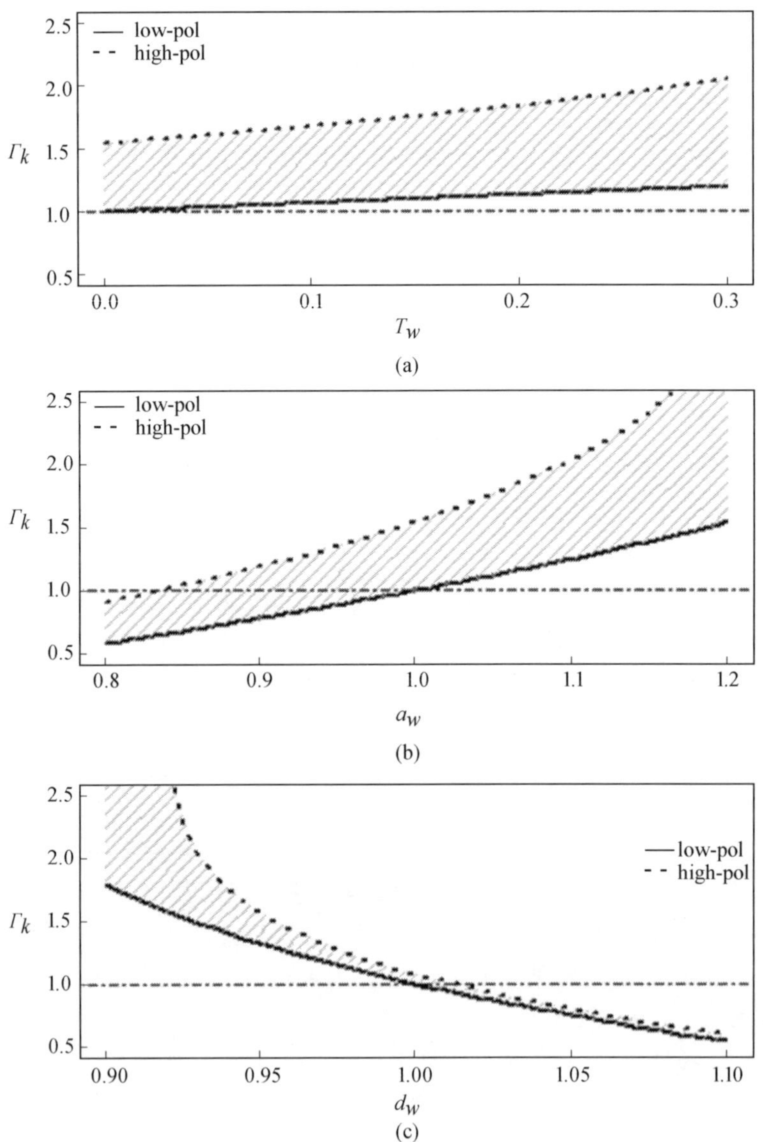

图 6.1　数值模拟结果

注:图中实线、虚线分别为西部区域和中部区域低污染行业、高污染行业生产率的差异,阴影为高污染行业和低污染行业之间的行业异质性。

另一方面,若西部区域对不同企业存在异质性的集聚效应相对较小,则高生产率(低边际成本)的企业将会在集聚效应中获益更大。在相同条件下，由于西部区域的高污染企业面临较为宽松的环境规制，边际成本也相对较低，高污染行业的集聚优势也相应较强，甚至会吸引生产效率相对较低的高污染企业，也就是说，不同生产率的高污染企业在集聚效应中的获益差异也相对较小，从而其与低污染行业之间的异质性将会更加明显[见图 6.1(c)]。基于上述分析，可以得到以下两个命题：

命题 1：若西部地区实施较为宽松的环境规制政策，那么随着西部大开发政策推进，较低的污染成本使得西部地区高污染行业相较于低污染行业，表现出更高的企业生产率。

命题 2：西部大开发政策将会提升西部地区全行业的集聚优势，尤其是地方政府宽松的环境规制政策更大幅度地提升了高污染行业的集聚效应优势，吸引效率较低的高污染企业从外部迁入。

第二节　研究设计与数据说明

一、研究设计

将西部大开发区域政策的实施作为准自然实验，该政策由中央制定，对企业构成了外生的政策冲击，从而保证研究的有效性。参考 Almond 等的研究，本书选取西部大开发西部省界分界线左右两边的城市，将其与中国工业企业数据库匹配，进而筛选出边界线左右两侧的企业。边界线以西的企业受到政策影响，以东的企业作为控制组，这些企业面临的地理气候、文化习俗等因素具有相似性，能够尽可能地消除区位差异带来的影响，保持处理组与控制组的可比性，且企业在边界线两侧的城市迁移的成本也相对较低。此外，本书重点关注区域政策在落地时，受所在地环境规制强度的影响，对不同类型企业生产率的提升是否具有一致性的效果。而中部和西部在环境规制强度上往往存在差异，对其他因素进行控制，有助于识别区域政策对高污染企业和低污染企业的异质性效果。

二、模型设定

借鉴 Cai 等的研究，本书首先采用三重差分法识别西部大开发政策对高、低污染行业的异质性，模型如下：

$$\ln \mathrm{TFP}_{ijut} = \beta \mathrm{Ttreat}_u \times \mathrm{Post}_{2001} \times \mathrm{Dirty}_j + X_{it}\theta + \delta_i + \cdots + \rho_{ju} + \varepsilon_{ijut} \tag{6.15}$$

其中，TFP_{ikut} 表示位于城市 u 属于产业 j 的企业 i 在第 t 年的全要素生产率；Treat_u 表示城市 u 是否位于西部大开发政策区的虚拟变量，边界线以西为 1，以东为 0；Post_{2001} 为政策执行后时期的虚拟变量，即对于 $\forall t \geqslant 2001$ 时 $\mathrm{Post}_{2001}=1$；Dirty_j 表示产业 k 是否为高污染行业的虚拟变量；δ_i 为企业固定效应；η_{jt} 为产业－年份固定效应；ρ_{ju} 为城市－行业固定效应；X_{it} 为一系列影响 TFP 的控制变量。Yu 指出，企业规模、是否出口以及所有制都会影响企业生产技术的选择进而影响 TFP，因此本书也对以上的变量进行了控制。

其次，相比三重差分方法，分样本回归能够更直观地对比高、低污染类型企业的回归结果差异，同时还可对三重差分方法的回归结果提供稳健性检验。因此，本书还通过分样本 DID 回归，检验西部大开发政策是否对西部区域不同程度污染行业具有异质性影响，具体实证模型如下：

$$\begin{aligned}\ln \mathrm{TFP}^k_{ijut} &= \omega \mathrm{Treat}_u \times \mathrm{Post}_{2001} + X_{it}\theta + \delta_i + \\ &\eta_{jt} + \rho_{ju} + \varepsilon_{ijut}, \quad k \in \{\text{low-pol}, \text{high-pol}\}\end{aligned} \tag{6.16}$$

若西部大开发政策对高、低污染行业之间存在异质性，则分样本回归得到参数 ω 应当显著不同。

三、变量识别

企业生产率作为本书的核心变量，其计算方法主要有传统指数核算法、普通最小二乘法（OLS）和控制函数方法（即 OP、LP 和 ACF 方法）等。一般来说，并非所有的企业在每一期都会发生投资行为，在计算全要素生产率过程中如果用 OP 法进行计算会损失部分有效信息，从而更倾向于使用 LP 法进行估计。因此，本书使用 LP 法对工业企业全要素生产率进行计算。

对不同类型企业进行政策效果的对比是本书关心的主要问题，因此划分高、低污染类型企业的标准是一个重要任务。对此，本书使用了三种方法进行分组来保证结论的完善稳健。

方法一，参照 Dou 和 Han 的研究计算污染密度指数（PDI），公式如下：

$$PDI_{bt}^{l}=\frac{pollution_{bt}^{l}/\sum_{b=1}^{39}pollution_{bt}^{l}}{POR_{bt}/\sum_{b=1}^{39}POR_{bt}} \tag{6.17}$$

其中，$pollution_{bt}^{l}$ 表示行业 b 在第 t 年 l 类污染物的排放量；POR_{bt} 为行业 b 在第 t 年的主营业务收入。利用二位码行业分类并根据数据的可得性，本书分别测算了废水、二氧化硫和工业烟尘三类主要污染物在 2003—2007 年的 PDI，并将至少一种污染物的 PDI 均大于 1 的行业划分为高污染行业。

方法二，借鉴 Chen 等的研究，本书选取污染排放强度指标(PII)，计算 2003—2007 年 39 个行业里废水、二氧化硫和工业烟尘三类污染物的 PII。至少一种污染物的 PII 大于 1 的行业为高污染行业。PII 计算公式如下：

$$PII_{bt}^{l}=pollution_{bt}^{l}/\frac{1}{39}\sum_{b=1}^{39}pollution_{bt}^{l} \tag{6.18}$$

方法三，同时考虑污染密度和污染强度两个指标，计算 PDI 和 PII 的几何平均数$\sqrt{PDI_{bt}^{l}\times PII_{bt}^{l}}$，类似地，该指标的几何平均数均大于 1 的行业被定义为高污染行业。

四、数据说明

计算 PDI、PII 使用的数据来自 2003—2007 年的《中国工业统计年鉴》和《中国环境统计年鉴》。回归所用数据来自 1998—2007 年国有企业及非国有企业规模以上(销售额在 500 万元以上) 工业企业数据库。参照 Brandt，Feenstra 等的研究，本书对工业企业数据库进行异常值剔除：缺少关键变量(如工业总产值、实收资本、中间品投入、地理信息等)，从业人数少于 8 人，违反一般会计原则(如固定资产、流动资产大于总资产)，设立时间在 1949 年之前和 2008 年之后，等等。

第三节　回归结果分析

一、基于污染强度评估生产率增长效应

首先采用三重差分法(DDD) 识别西部大开发政策对高、低污染类型企业的异质性，依据污染密度指数划分高、低污染行业，并对控

制变量以及企业固定效应、行业－年份固定效应和产业－城市固定效应等进行了控制。回归结果见表 6.1(1) 列，三重差分项的系数显著为正，可知西部大开发政策在高、低污染行业之间存在显著差异，相较于低污染行业，西部大开发政策对西部区域高污染行业 TFP 的提升作用更强。

表 6.1　基准回归结果

变量	(1) TFP	(2) TFP	(3) TFP	(4) TFP	(5) TFP	(6) TFP	(7) TFP
Treat × $Post_{2001}$ × Dirty	0.126 ** (0.057 9)						
Treat × $Post_{2001}$		0.103 *** (0.026 4)	−0.030 0 (0.051 0)	0.100 *** (0.032 2)	0.031 5 (0.034 3)	0.100 *** (0.032 4)	0.031 8 (0.034 1)
ln_size	0.303 *** (0.010 1)	0.275 *** (0.012 7)	0.363 *** (0.017 0)	0.283 *** (0.013 7)	0.332 *** (0.015 2)	0.281 *** (0.014 0)	0.333 *** (0.014 8)
ln_ex	0.014 5 *** (0.002 0)	0.017 2 *** (0.002 5)	0.014 7 *** (0.002 6)	0.017 1 *** (0.002 7)	0.015 5 *** (0.002 5)	0.017 9 *** (0.002 7)	0.014 9 *** (0.002 5)
国有企业(是＝1)	−0.075 0 *** (0.026 9)	−0.077 6 *** (0.027 2)	−0.118 *** (0.040 9)	−0.086 0 *** (0.030 2)	−0.093 1 *** (0.034 3)	−0.082 6 *** (0.030 4)	−0.096 9 *** (0.034 0)
外资企业(是＝1)	−0.006 7 (0.035 8)	−0.057 0 (0.053 3)	0.007 3 (0.047 3)	−0.090 1 (0.066 4)	0.012 3 (0.041 4)	−0.086 2 (0.067 8)	0.008 8 (0.040 7)
企业固定效应	控制	控制	控制	控制	控制	控制	控制
产业－城市固定效应	控制	控制	控制	控制	控制	控制	控制
产业－年份固定效应	控制	控制	控制	控制	控制	控制	控制

续表

变量	(1) TFP	(2) TFP	(3) TFP	(4) TFP	(5) TFP	(6) TFP	(7) TFP
样本量	76 132	49 171	26 699	39 377	36 384	38 379	37 362
R^2	0.861	0.861	0.848	0.838	0.874	0.838	0.872

注：括号内为聚类到企业层面的稳健标准差，***、**、* 分别表示在1%、5%和10%的水平上显著。

其次，还通过分样本DID回归，检验西部大开发政策对高污染行业和低污染行业中企业的TFP分别有何影响，同样根据污染密度指数对行业进行分类，高、低污染行业的回归结果分别列于表6.1中(1)列与(2)列。可以看出，仅基于高污染行业子样本得到的ω估计值显著，这也表明西部大开发政策更有利于西部区域高污染行业内的企业，这与基准回归结论一致，而政策对低污染行业的TFP没有显著影响。为了进一步验证这一结论，本书还通过改变污染行业的划分方法来排除划分方法差异而造成的影响，其中(3)列和(5)列分别为按污染排放强度指标(PII)和$\sqrt{PDI_{bt}^{l} \times PII_{bt}^{l}}$指标划分得到的高污染行业子样本回归结果，(4)列和(6)列分别为按污染排放强度指标(PII)和$\sqrt{PDI_{bt}^{l} \times PII_{bt}^{l}}$指标划分得到的低污染行业子样本回归结果，类似地，也只有高污染行业子样本回归系数显著。从而可以看出，本书的实证结果对不同的回归方法及污染行业划分方式也具有稳健性。

二、环境规制的异质性检验

理论部分得到的两个命题，在数理推导和数值模拟中都隐含了一个前提假设，即相较于中部区域，西部区域地方政府执行的环境规制相对宽松。以下对该假设进行实证检验。参照Cai等的研究思路，本书采用排污费作为环境规制的代理变量。企业的排污费通常与企业污染排放量呈一定比例，而地方政府有权调整这一比例，从而排放费的收缴量可以在很大程度上反映地方政府的环境规制力度。Wang和Wheeler以排污费为例，指出各地执行环境政策的力度是大不相同的，高度工业化的沿海城市，其水污染的有效费率最高，而欠发达的内陆省份，其排污费是最低的。由于目前仅 2004 年的微观企业排污费被公开，故而采用如下模型进行检验：

$$\ln \mathrm{Fee}_{iju} = \zeta \mathrm{Treat}_u \times \mathrm{Dirty}_j + Z_i\theta + \delta_i + \Upsilon_j + \Psi_u + \varepsilon_{iju} \tag{6.19}$$

其中，Fee_{iju}^{k} 为位于 u 城市属于 j 行业的 i 企业所缴纳的排污费；Υ_j 为行业固定效应；Ψ_u 为城市固定效应；Z 为其他影响企业污染费的控制变量。本书控制了企业的工业增加值、企业规模（总资产）和从业人数，并采用对数形式加入回归方法。此外在该回归中，本书参照李静等的处理方法，剔除排污费为 0 的企业样本，这是由于在实际操作中这类企业可能往往是以罚款等形式代替了排污费缴纳，包含这些样本可能导致回归结果出现偏误。

表 6.2 为中部和西部环境规制异质性检验的结果。(1)、(2) 列，(3)、(4) 列，(5)、(6) 列分别为采用方法一、方法二和方法三划分高污染行业得到的回归结果，其中(1)、(3)、(5) 列仅控制了产业固定效应，而(2)、(4)、(6) 列同时控制了产业固定效应和城市固定效应。可以看出，在控制了城市固定效应后，即假设城市间不存在差异时，西部区域高污染行业企业征收的排放费与其他区域相比才不存在显著性差异，且该现象并不因高污染行业划分方法的变化而发生改变。相对于中部地区，西部地区的高污染企业所缴纳的排污费更低，而西部地区低污染企业则没有明显差异，从而可以证实西部区域实施了相对宽松的环境规制政策。

至此，命题 1 得到验证，由于西部地区实施了较为宽松的环境规制政策，那么西部大开发政策实施后，西部地区不同程度污染行业之间存在异质性效应，较低的污染成本使得西部地区高污染行业相较于低污染行业，表现出更高的企业生产率。宽松的环境政策与刺激经济的产业政策相互耦合，同样面临经济刺激政策却只有高污染类型企业的生产率得到了显著提升，造成西部区域经济增长和环境恶化同时出现的原因，这很容易为西部地区未来经济的可持续发展埋下隐患。

表 6.2　中部区域和西部区域环境规制异质性检验

	(1)	(2)	(3)	(4)	(5)	(6)
Treat × Dirty	−0.154 *** (0.057 6)	0.099 8 (0.135)				
Treat × Dirty 2			−0.190 *** (0.063 1)	0.015 5 (0.118)		
Treat × Dirty 3					−0.162 ** (0.062 9)	0.101 (0.117)
ln value-added	0.204 *** (0.029 9)	0.190 *** (0.030 3)	0.204 *** (0.030 0)	0.191 *** (0.030 3)	0.204 *** (0.030 0)	0.190 *** (0.030 3)
ln_size	0.216 *** (0.030 4)	0.202 *** (0.031 0)	0.216 *** (0.030 5)	0.202 *** (0.031 0)	0.216 *** (0.030 4)	0.202 *** (0.031 0)
ln employee	0.270 *** (0.033 1)	0.310 *** (0.034 2)	0.271 *** (0.033 1)	0.310 *** (0.034 2)	0.270 *** (0.033 1)	0.310 *** (0.034 2)
城市固定效应	不控制	控制	不控制	控制	不控制	控制
产业固定效应	控制	控制	控制	控制	控制	控制
样本量	3 273	3 272	3 273	3 272	3 273	3 272
R^2	0.422	0.461	0.422	0.460	0.422	0.461

注：括号内为聚类到企业层面的稳健标准差，***、**、* 分别表示在1%、5% 和 10% 的水平上显著。

第四节　对生产率影响的分解：集聚效应与选择效应

上述部分检验了西部大开发政策将显著提高西部区域高污染行业内企业生产率，然而生产率的提高，可能是集聚效应带来的累积因果，也可能是生产率较低的污染企业无法在西部区域生存，即选择效应的结果。对于该部分将采用 Combes 等提出的“无条件分布特征一参数对应方法”，将生产率增长效应进行分解。

"无条件分布特征－参数对应方法"主要通过比较不同区域间生产率分布参数，从而比较不同区域之间集聚效应和选择效应的大小，目前已被学术界广泛应用于分析企业生产率的增长效应，记：

$$A = a_W - Da_M,\quad S = \frac{S_W - S_M}{1 - S_M},\quad D = \frac{d_W}{d_M}$$

其中，A 为移动参数，若 $A > 0$ 则表明西部区域更具有集聚优势；S 为左截尾参数，若 $S > 0$ 则表明西部区域的低效率企业更多；D 为伸缩参数，若 $D > 1$ 则表明西部区域对高效率企业在集聚效应中受益更大，参照 Combes 等的研究，参数 $\Theta = (A, S, D)$ 满足如下方程：

$$\begin{cases} \chi_W(\mu) = D\chi_M[S + (1+S)\mu] + A, & S \geqslant 0 \\ \chi_M(\mu) = \dfrac{1}{D}\chi_W\left(\dfrac{\mu - S}{1-S}\right) - \dfrac{A}{D}, & S < 0 \end{cases} \tag{6.20}$$

其中，$\chi_W(\mu)$ 和 $\chi_W(\mu)$ 分别为西部区域和中部区域企业生产率分布在分位点 μ 处的生产率，由于参数 S 未知，为了估计参数，需要对 μ 进行变换，从而得到如下矩条件：

$$\begin{cases} m(\Theta,\mu) = \chi_W[r_S(\mu)] - D\chi_M[S + (1+S)r_S(\mu)] - A \\ \tilde{m}(\Theta,\mu) = \chi_M[\tilde{r}_S(\mu)] - \dfrac{1}{D}\chi_W\left[\dfrac{\tilde{r}_S(\mu) - S}{1-S}\right] + \dfrac{A}{D} \end{cases} \tag{6.21}$$

其中，变换分别为

$$\begin{cases} r_S(\mu) = \max\left(0, \dfrac{-S}{1-S}\right) + \left[1 - \max\left(0, \dfrac{-S}{1-S}\right)\right]\mu \\ \tilde{r}_S(\mu) = \max(0,S) + [1 - \max(0,S)]\mu \end{cases} \tag{6.22}$$

在估计中利用样本累积分布代替真实分布，进而得到 $m(\Theta,\mu)$、$\tilde{m}(\Theta,\mu)$ 的估计值 $\hat{m}(\Theta,\mu)$ 和 $\hat{\tilde{m}}(\Theta,\mu)$，估计的目标函数为

$$\hat{\Theta} = \arg\min_{\Theta}\left\{\int_0^1 [\hat{m}(\Theta,\mu)]^2 d\mu + \int_0^1 [\hat{\tilde{m}}(\Theta,\mu)]^2 d\mu\right\} \tag{6.23}$$

标准差则通过 Bootstrap 方法重复抽样 200 次后得到。为了分析西部大开发政策对不同污染程度行业的异质性影响，本书分别对西部大开发政策执行前 1998 年和执行后 2007 年的高污染行业和低污染行业进行分解；同时为了确保结果稳健，采用三种方法识别高污染行业，具体的估计结果见表 6.3。

从表 6.3 的结果来看，西部大开发政策不仅带来生产率增长的行业异质性，不同污染程度间行业的集聚效应和选择效应也存在异质性。首

先，在1998年，无论是高污染行业还是低污染行业，移动参数A均显著小于0，这表明在西部大开发政策实施前中部区域更具集聚优势；而到了西部大开发政策执行后的2007年，高污染行业的A值显著大于0，这说明西部区域的高污染行业也存在显著的集聚优势，而低污染行业的A值有所提高，但依旧小于0，这表明对于低污染行业，中部区域的集聚优势有所减少，但依旧高于西部。此外，本书还估计了1998—2007年高、低污染行业的集聚优势(A值)，如图6.2所示。可以看出，自2001年西部大开发政策实施以来，西部区域所有行业的相对集聚优势都得到相对提升，但高污染行业显著高于低污染行业，且在2004年后，西部区域的高污染行业已形成集聚优势。

表6.3　分解结果

	年份	产业类型	A	D	S	R^2	样本量
方法1	1998	高污染	−0.372 1 *** (0.050 4)	1.120 2 *** (0.030 9)	0.008 3 (0.008 0)	0.972 5	4 211
		低污染	−0.354 9 *** (0.088 4)	1.101 8 * (0.053 6)	0.006 4 (0.015 3)	0.966 9	2 244
	2007	高污染	0.221 7 *** (0.011 2)	0.989 3 (0.011 7)	−0.010 4 *** (0.003 8)	0.988 32	8 535
		低污染	−0.097 1 *** (0.022 6)	1.124 5 *** (0.017 2)	0.013 5 * (0.008 0)	0.796 8	5 097
方法2	1998	高污染	−0.305 5 *** (0.065 5)	1.130 9 *** (0.040 2)	−0.000 4 (0.008 3)	0.977 9	3 183
		低污染	−0.452 6 *** (0.081 9)	1.092 8 *** (0.034 1)	0.016 4 * (0.008 6)	0.975 8	3 272
	2007	高污染	0.169 6 *** (0.032 9)	1.019 6 (0.021 2)	−0.001 9 (0.005 5)	0.991 6	7 325
		低污染	−0.044 4 *** (0.010 7)	1.166 1 *** (0.008 5)	0.065 3 *** (0.002 5)	0.954 2	6 307

续表

	年份	产业类型	A	D	S	R^2	样本量
方法 3	1998	高污染	−0.301 8 *** (0.075 5)	1.114 5 *** (0.044 0)	−0.002 3 (0.009 9)	0.976 3	3 135
		低污染	−0.449 8 *** (0.078 1)	1.101 4 ** (0.043 1)	0.016 6 (0.010 6)	0.977 8	3 320
	2007	高污染	0.225 6 *** (0.013 0)	0.986 9 (0.011 3)	−0.007 5 * (0.004 1)	0.991 8	6 943
		低污染	−0.026 5 ** (0.010 1)	1.110 6 *** (0.007 3)	0.006 6 *** (0.002 0)	0.824 1	6 515

注:括号内为聚类到企业层面的稳健标准差,***、**、* 分别表示在1%、5% 和 10% 的水平上显著。

对于左截尾参数 S,在西部大开发前大多不显著异于 0,这说明西部和中部区域内企业的竞争程度大致相同,并不存在显著的选择效应。而到了 2007 年,高污染行业均小于 0(只有采用识别方法 2 的高污染行业不显著),这说明高污染行业在西部区域的竞争效应相对较小,造成该现象的原因很可能是西部区域采用较为宽松的环境规制,高污染行业的生产率提升效应被放大,同时也扩大了高污染行业的相对集聚优势,甚至可以部分抵消选择效应的影响,吸引生产效率较低的高污染企业迁入西部。另一方面,低污染行业的 S 值却均显著大于 0,这则表明西部大开发加剧了西部区域低污染行业内的竞争。

至于伸缩参数 D,在西部大开发前,所有行业均显著大于 1,说明高效率的企业在集聚效应中收益更大。而到了西部大开发执行后的 2007 年,低污染行业的 D 仍显著大于 1,但高污染行业却与 1 无显著差异,说明西部区域对高污染行业内任何企业的吸引力大致相同,也可以佐证其存在吸引较低生产率的污染企业迁入的可能。至此,命题 2 得到验证。

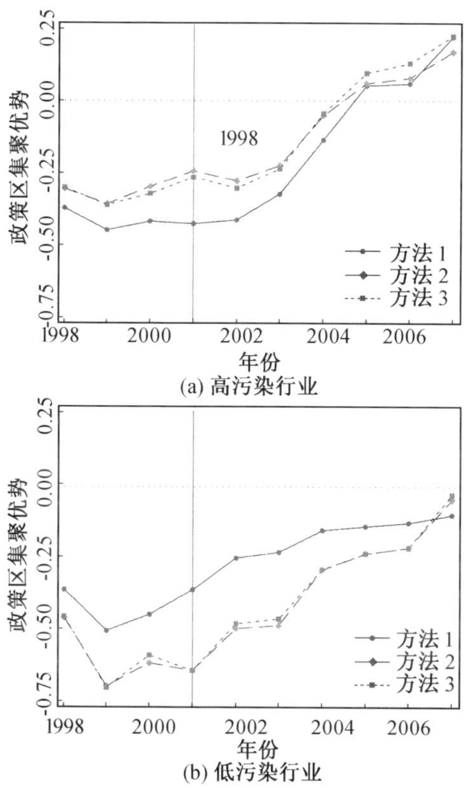

(a) 高污染行业

(b) 低污染行业

图 6.2　高、低污染行业西部区域集聚优势的时间演化趋势

第五节　本章小结

针对西部大开发实施过程中的经济发展与环境污染并存的现象，利用微观企业层面数据研究西部大开发区域政策对不同污染程度企业生产率的异质性影响，并从环境规制的强度入手对政策异质性效果产生的原因进行了分析，最后对区域政策的作用机制进行了检验。研究发现，第一，西部大开发实施后，政策主要提振的是当地高污染类型企业的生产率，对其他企业生产率的改善效果不佳。第二，通过高、低污染类型企业生产率增长效应的不同，发现西部地区较其他地区的环境规制强度较弱，因而宽松的环境政策与刺激经济的产业政策相互耦合，对高污染类型的企业生产率产生了拉动作用，这也是造成西部区域经济增长和环境恶化的原因之一。第三，西部大开发区域政策对企业生产率的作用机制主要体现在两方面，集聚效应和选择效应：虽然西部地区所有行业随着政策执行都体现出一定的集聚效应，但高污染行业提升幅度更大，已形成显著优势；高污染行业在西部区域的选择效应较小，甚至存在吸引较低效率企业进入的倾向，而低污染行业面临相对更激烈的竞争环境。

建议政府在未来区域经济刺激政策的制定中充分重视环境规制强度和企业异质性可能造成的影响。具体的建议包含以下三个方面：

（1）在深入剖析西部大开发区域政策的经济效果时应同时兼顾其环境属性。工业生产是我国污染排放的主体，因此在经济政策实行的同时应该关注其对环境和生态可能的影响。区域经济刺激政策在落地过程中，需要与当地的环境政策等相协调。具体来讲，如果只关注经济刺激政策对生产的拉动，而忽略了当地本身存在环境管制不利、污染转移现象盛行的问题，那在经济刺激与污染放松的双重因素耦合作用下，区域政策就会对生态环境、经济增长质量及其长期的可持续发展产生抑制作用，同时影响经济未来的增长潜力。本书建议在实施区域政策刺激经济的地区，需要格外关注当地的环境问题以及加强环境规制。（2）企业的异质性可能会对区域政策的执行效果产生影响。因此，在制定政策时需要注意，减税政策虽然对于企业生产率有提升效果，但不能忽略企业异质性在其中发挥的作用。政策指定时应避免“一刀切”，系统分析政策执行过程中对不同类型企业的影响。就本书的研究主题而言，应对高污染类型的企业加强污染监管，考虑将其列入重点监控名单，以此规避经济刺激下生产迅速扩张带来的污染加剧排放。（3）西部地区应对低污染类型的产业进行帮扶，通过进一步增加补贴、降低税收或降低其享受政策优惠的门槛等方式，鼓励低污染类型企业，尤其是对优化产业结构具有帮助的高科技型产业进入和发展。区域经济刺激政策唯有着力于优化产业结构，才能对经济的长远发展产生更大的作用。最后，希望本书的工作能够让决策部门与学术界关注到区域经济刺激政策与环境政策相配合的重要性，并提高对企业污染强度的异质性会直接影响区域政策效果这一观点的重视，启发更多的后续研究。

第七章　研究结论与政策启示

第一节　研究结论

考虑到中国区域政策实施的广泛性、持续性以及高成本性，准确地评估其实施效果在理论与实践上就变得至关重要。但现实情况是，学术界对于区域政策是否有效并没有统一的结论。本书认为，以某一次区域政策的成功或者失败来探讨区域政策的有效性往往有失偏颇，不同区域政策工具与不同现实环境的交互可能会产生不同的政策效果，应当以区域政策制定时的政策目标为导向，具体考察某一类区域政策工具的政策效果，只有这样才能理清不同类型区域政策的微观作用效果。

因此，本书旨在针对中国现实问题，以西部大开发区域战略中的区域减税政策为载体，基于新经济地理理论探讨其对企业生产率的实施效果和作用途径。已有文献更多的是考察减税政策对于企业单一层面的影响，尚未有对区域减税政策如何影响企业生产效率的研究，更缺乏考察区域减税政策的长期效应和异质性效果的文献。在此基础上，本书拓展区域减税政策影响企业生产率的研究内容，从区域政策细分类型的角度对其作用机制、政策效应等问题给出理论化和实证化的分析，更进一步地考察区域减税政策对不同行业、不同所有制、不同规模、不同生产率的企业产生的异质性效果以及政策的时间动态效应等。

综合来讲，区域减税政策的实施类似于给企业输血，而企业生产率能否持续增长则可以类比为企业能否实现自我造血功能。本书所研究的问题可以形象化为从“输血”能否引致“造血”的故事，如果为企业输血可以进一步使得企业产生持续造血的能力，则输血的价值可以得到体现。进一步地，从“输血”到“造血”的过程是怎么样的？实现途径有哪些？是否具有区域层面、行业层面以及企业层面的异质性效果？这些都是本书要回答的问题。

具体而言，本书利用了中国规模最大的区域性减税政策（西部大开发政策）作为政策冲击，运用双重差分方法进行实证检验区域减税政策对企业生产率的影响作用（“输血”对“造血”功能的作用）。而为了更加科学地设置控制组与对照组，选取西部大开发政策中西部省界分界线左右两边的城市、县（区）域，将中国工业企业数据库与边界的城市、县域进行匹配，筛选出边界线左右两侧的企业，通过研究区域减税政策边界线左右两侧的企业生产率是否受到政策影响来识别其作用效果。一方面，边界是政策效果的分界线，政策效果会严格在边界左右两侧有所区分，即边界以西的城市能够享受西部大开发的优惠政策，而边界以东的城市无法享受西部大开发优惠政策。另一方面，我们使用分界线两侧相邻的企业进行对比，这样可以排除地理、气候、文化等因素的干扰，从而满足 DID 平行趋势假设的要求。

通过理论模型推演、作用机制总结、统计性分析与实证模型检验，本书得出一系列结论，具体内容如下：

第一，西部大开发区域减税政策确实使得西部企业的实际有效税负有所降低，西部大开发政策使得西部企业所得税有效税率下降了 11.5%。进一步发现西部大开发区域减税政策对企业 TFP 的影响在企业所得税率更高的组别更加显著。当企业面临更高的企业所得税实际税率时，同样幅度的减税经济效果对于这些企业将会更加明显。

第二，通过西部大开发区域减税政策影响企业 TFP 的估计结果，可以发现该减税政策使得西部企业的 TFP 相对于非西部地区没有减税政策的企业而言提升了 21.5%。进一步添加更为严格的固定效应，结果显示减税政策对企业 TFP 影响的系数依然显著为正且稳定在 7% 左右，即 1% 的税率下降能够使得西部政策边界城市的企业 TFP 平均提高 0.38% ～ 0.75%。

第三，机制检验结果表明：西部大开发区域减税政策能够通过缓解西部企业的融资约束和增加企业可支配利润等机制提高企业生产率；生产率提升过程中既存在选择效应，也存在学习效应，还存在长期均衡效应；西部大开发区域减税政策能够促进企业家创新创业的这一结论并不能成立。

第四，西部大开发区域减税政策使得西部地区企业的生产率分布状况大大改善。受到西部大开发区域减税政策的促进作用，一方面，西部地区的平均生产率水平更高，尤其体现在西部地区的低效率企业相对减少；另一方面，西部地区企业的生产率分布更加集中，反映出其资源配置效率的提升。

第五，西部大开发区域减税政策实施后，最先发挥作用的是选择效应，低生产率企业率先进入该区域，各类企业的不断涌入慢慢产生学习效应；当学习效应不断增强，选择效应也在不断发生变化，高生产率企业会更多地进入减税政策区，一方面是减税政策的吸引作用，另一方面则是学习效应的不断强化也对高生产率企业产了吸引作用。同时，生产率水平越低的企业对西部大开发区域减税政策的敏感度越高，换言之，西部大开发区域减税政策更能促进低生产率企业的生产率提升，其对高生产率企业作用并不如对低生产率企业的作用大。

第六，西部大开发区域减税政策能够使得西部地区资源密集型企业的生产率提升 7.12% ～ 22.4%。减税政策对技术密集型企业生产率的提升贡献了 2% 左右，与其他三类行业中的回归系数相比，技术密集型企业生产率的回归系数则是最小的，这说明西部大开发区域减税政策对技术密集型企业生产率的促进作用低于对其他三类企业生产率的促进作用。

第七，从企业特征层面来讲，西部大开发减税政策对三种不同所有制类型的企业生产率均有显著促进作用，减税政策对国有企业生产率的促进作用远高于私营企业和外资企业。受益于西部大开发区域减税政策，三类企业的生产率增速均有所增加，国有企业生产率增速最快，主要与其国有垄断的行业和企业特征有关，事实上，国有企业掌握了雄厚的资源，相对于民企具有执行力优势，是中央政府进行宏观调控的有力工具，在稳增长、保就业和调结构方面发挥着重要作用。同时，西部大开发区域减税政策对规模较小的企业具有更加明显的促进作用，而随着企业规模的上升，其促进作用逐渐变小。

第八，分地区检验结果显示，西部大开发区域减税政策对内蒙古自治区、陕西省、重庆市、贵州省、广西壮族自治区的企业生产率进行回归的五组结果均显著为正，这证明了前文回归结果的稳健性。因为经过运用更加细致、可比的地理分段，避免了边界线两侧省份由于地理环境等方面存在较大差异，无法满足平行趋势假设的弊端，回归结果表明前文的结论不存在"被平均"效应。另外,从本节的研究结论可以看出,西部大开发区域减税政策能够促进企业生产率的提升,一方面是源自减税政策的作用效果,另一方面是与其各自的对照组有关,也就是与其毗邻的省份经济发展状况相关性较大。正如广西和广东,广西壮族自治区的经济发展水平远远落后于广东省,但由于地理位置的优势,广东的经济发展对广西具有促进和带动作用。减税政策在广西的实施一方面能够为省内企业切实降低负担、增强其竞争力和创新能力,另一方面则不会对广东省的经济发展产生负面作用,反而可能会加速广东省的产业转移、促进其产业结构的进一步优化,使得两个地区形成产业的合理迁移、资源的优势互补。政策制定者在进行政策设计时,不仅需要预估政策实施后对该区域产生何种影响,还需要考虑到政策的空间效应。

第九,通过高、低污染类型企业生产率增长效应的不同,发现西部地区较其他地区的环境规制强度较弱,因而宽松的环境政策与刺激经济的产业政策相互耦合,对高污染类型的企业生产率产生了拉动作用,这也是造成西部区域经济增长和环境恶化的原因之一。西部大开发区域政策对企业生产率的作用机制主要体现在两方面,集聚效应和选择效应:虽然西部地区所有行业随着政策执行都体现出一定的集聚效应,但高污染行业提升幅度更大,已形成显著优势;高污染行业在西部区域的选择效应较小,甚至存在吸引较低效率企业进入的倾向,而低污染行业面临相对更激烈的竞争环境。

此外,本书对面临的其他可能存在的内生性问题进行了进一步的检验。首先,对其他竞争性假说的排除,采用三重差分的方法验证西部大开发区域减税政策影响企业生产率的稳健性;其次,按企业是否盈利进行分组回归,如果企业当年没有实现盈利则不需要缴纳企业所得税,为防止该部分企业的影响,通过分组回归验证企业所得税优惠政策能够有效地为企业降低税收成本,使企业 TFP 上升;最后,更换被解释变量的 TFP 的计算方法,使用索罗固定效应模型方法计算出企业 TFP,而后进行实证检验,同时使用边界区县的数据进行回归检验,验证结论的稳健性。

第二节　政策启示

在经济面临下行压力时，政府利用减税政策的财政工具刺激经济增长是世界各国的主要做法之一。需要注意的是，减税政策虽然对于企业的 TFP 有提升效果，但这种效果在长期是收敛的，即减税政策并不是万能的灵丹妙药，长期的经济持续稳定增长可能还需要配合其他政策。并且，不同规模类型的企业对于减税效应的反应存在差异，在制定政策时更加应该注意这样的企业异质性。因此，本书的政策启示主要是在前文研究结论的基础上从宏观和微观两个层面提出的，前两条主要是宏观层面的政策启示，第三条至第九条则属于微观层面的政策启示。具体内容如下：

第一，随着中国经济进入新常态，西部地区在伴随着"一带一路""清理僵尸企业"等一系列国家战略下，将是未来中国经济增长的潜力区域。本书实证检验了西部大开发区域减税政策对地区企业生产率发展的重要作用，如果没有西部大开发相关政策的支持，西部地区与东中部地区的差距会进一步扩大。因此，积极践行西部大开发战略，有助于中国跨过中等收入陷阱，实现地区协调发展。

第二，西部大开发政策需要更加注重政策措施的选择。政府如何运用政策手段对西部地区的发展十分重要，如果采用直接补贴的方式对企业进行支持，容易产生"补贴诅咒"效应，使得企业陷入补贴陷阱中，企业通过"寻租"去申请政府补贴，进而产生大量非生产性支出，最终削弱了企业竞争力。而通过降低企业税负则能够使得企业效率大大提高。与此相类似，供给侧改革的核心就是通过结构性减税来降低企业税负，进一步释放企业的活力。

第三，西部大开发政策需要"对症下药"。本书实证检验发现，同样的政策，在不同所有制企业之间、不同规模企业之间产生的效果截然不同。目前，随着中国市场化程度的加深，国有企业的改革也进入攻坚阶段，如何提高国有企业效率，更好地运营国有资本是改革的方向。政策对于不同所有制企业会产生异质性作用，因此，需要更加注重城市企业分布结构，确定其比较优势给予不同的政策扶持。

第四，政府在进行减税政策的设计时，应适当考虑企业所面临的税负等级区间。当企业面临更高的企业所得税实际税率时，同样幅度的减税经济效果对于这些企业将会更加明显。

第五，如果实行一系列的组合政策，要十分注意各个政策之间的互补性和对冲性，以及不同政策组合对企业行为的综合作用效果。例如，西部大开发区域减税政策对企业生产率具有提升作用，但基础设施投资、财政补贴等对企业生产率的作用可能表现不显著或被对冲掉，这样一来，则形成了资源和政策的浪费。与财政补贴政策对比而言，对企业 TFP 的促进方面，税收优惠相对于财政补贴具有更多的优势。一方面，税收优惠政策对市场造成的扭曲较小，企业拥有决策权，政府机构不参与研发，所以税收激励在刺激长期研发支出中更有效。另一方面，税收优惠政策需要的官方文件较少，且不需要额外的执行机构，不需要年度评审等烦琐的流程，该政策的执行成本较低。另外，相对于财政补贴而言，税收优惠政策一般采取法律法规的形式，符合其规定的企业都能享受优惠，主观认定的成本较少，从而减少了“寻租”行为的发生，从更广泛意义上来讲，更有助于提升企业 TFP。

第六，减税政策可以通过缓解西部企业的融资约束，进而对生产率起到平滑作用；减税政策使得企业可支配利润增加，进而可能使得企业通过人力资本积累、提高薪资、吸引高水平人才等措施提高企业生产率；但减税政策能够促进企业家创新创业的这一结论并不能成立，也许在一定程度上减税政策确实存在促进作用，但严格来讲，由于企业家可能存在“短视”行为，减税政策对企业家创新创业活动并未能产生预想的效果；从长期动态视角来看，减税政策对企业生产率的促进作用存在边际效应递减的一般均衡效应。这些渠道的作用在政策制定者制定减税政策时，可以为政策更加精准的落地提供参考。

第七，生产率水平越低的企业对减税政策的敏感度越高，减税政策更能促进低生产率企业的生产率提升。减税政策对资源密集型、技术密集型、劳动密集型和资本密集型企业生产率具有显著促进作用，对资源密集型企业生产率促进作用最大，而对技术密集型企业生产率作用最小。因此，后续政策制定中，应当注重对不同生产率水平的企业和不同行业的企业进行调控。西部大开发区域减税政策对三种不同类型的企业生产率均有显著促进作用，但减税政策对国有企业生产率的促进作用远高于私营企业和外资企业，国有企业相对于民企具有对区域政策的执行力优势，是中央政府进行宏观调控的有力工具，后续政策制定中可以着重考虑国有企业能发挥的作用。减税政策对规模较小的企业具有更加明显的促进作用，而随着企业规模的上升，其促进作用逐渐变小。这都表明，低生产率的企业、资源密集型企业以及国有企业、资产规模较小的企业对减税政策的敏感性更高，后续政策制定的过程中，一方面可以通过这些类型的企业预估政策实施效果，另一方面也需要更多地考虑政策对这些企业的作用效果。

第八，紧邻西部大开发区域减税政策边界线的五组省份中，内蒙古、陕西、重庆、贵州与广西的企业生产率都得到较大提升，一方面是源自减税政策的作用效果，另一方面是与其各自的对照组有关，也就是与其毗邻的省份经济发展状况有关。比较明显的是，陕西省的企业生产率水平是不断增强的，但山西省和河南省的增速有可能比较低。在这种情况下，如果陕西省进一步享受到减税政策的利好，则对山西省和河南省可能是一种负面作用。生产率较高的企业有可能会迁移到政策环境更有利的陕西省，这样则会形成循环作用，使得强者越来越强、弱者越来越弱，这就会违背政策制定时协调区域发展的均衡、缩小区域发展差距的初衷和目标。因此，减税政策在制定的过程中，不仅要考虑该地区是否需要这类优惠政策，还需要考虑政策的空间效应，即该政策实施后，相邻地区的企业会不会受到影响，政策的实施能否与周边区域形成良性互动而非以邻为壑。综合而言，政策制定者在进行政策设计时，不仅需要事先预估政策实施后对该区域产生何种影响，还需要考虑政策的空间效应，形成政策实施区域与周边区域双赢与多赢的局面。

第九，在深入剖析西部大开发区域政策的经济效果时应同时兼顾其环境属性。工业生产是我国污染排放的主体，因此在经济政策实行的同时应该关注其对环境和生态可能的影响。区域经济刺激政策在落地过程中，需要与当地的环境政策等相协调。具体来讲，如果只关注经济刺激政策对生产的拉动，而忽略了当地本身存在环境管制不利、污染转移现象盛行的问题，那在经济刺激与污染放松的双重因素耦合作用下，区域政策就会对生态环境、经济增长质量及其长期的可持续发展产生抑制作用，同时影响经济未来的增长潜力。建议对于实施区域政策刺激经济的地区，需要格外关注当地的环境问题以及加强环境规制强度的必要性。

参考文献

[1] AGHION P, ASKENAZY P, BERMAN N, et al. Credit constraints and the cyclicality of R&D investment: Evidence from France[J]. Journal of the European Economic Association, 2012, 10(5): 1001-1024.

[2] AGHION P, CAI J, DEWATRIPONT M, et al. Industrial policy and competition[J]. American Economic Journal: MacroEconomics, 2015, 7(4): 1-32.

[3] AGHION P, HOWITT P. Research and development in the growth process[J]. Journal of Economic Growth, 1996, 1(1): 49-73.

[4] AKINCI G, CRITTLE J. Special economic zones: performance, lessons learned, and implications for zone development[R]. Washington, DC: The World Bank, 2008.

[5] ALBOUY D. The unequal geographic burden of federal taxation[J]. Journal of Political Economy, 2009, 117(4): 635-667.

[6] ALMOND D, CHEN Y, GREENSTONE M, et al. Winter heating or clean air? Unintended impacts of China's Huai River policy[J]. American Economic Review, 2009, 99(2): 184-190.

[7] ALTOMONTE C, COLANTONE I. Firm heterogeneity and endogenous regional disparities[J]. Journal of Economic Geography, 2008, 8(6): 779-810.

[8] ARNOTT R, KRAUS M. When are anonymous congestion charges consistent with marginal cost pricing? [J]. Journal of Public Economics, 1998, 67(1): 45-64.

[9] ANDERSSON F, FORSLID R. Tax competition and Economic geography[J]. Journal of Public Economic Theory, 2003, 5(2): 279-303.

[10] ARIMOTO Y, NAKAJIMA K, OKAZAKI T. Sources of productivity improvement in industrial clusters: The case of

the prewar Japanese silk-reeling industry [J]. Regional Science and Urban Economics, 2014, 46: 27-41.

[11] ASPLUND M, NOCKE V. Firm turnover in imperfectly competitive markets[J]. The Review of Economic Studies, 2006, 73(2): 295-327.

[12] AU C C, HENDERSON J V. Are Chinese cities too small? [J]. The Review of Economic Studies, 2006, 73(3): 549-576.

[13] AURIOL E, WARLTERS M. The marginal cost of public funds and tax reform in Africa[J]. Journal of Development Economics, 2012, 97(1): 58-72.

[14] AYYAGARI M, DEMIRGÜÇ-KUNT A, MAKSIMOVIC V. Formal versus informal finance: evidence from China[J]. The Review of Financial Studies, 2010, 23(8): 3048-3097.

[15] AZACIS H, GILLMAN M. Flat tax reform: the Baltics 2000—2007[J]. Journal of MacroEconomics, 2010, 32(2): 692-708.

[16] BALDWIN R E, OKUBO T. Heterogeneous firms, agglomeration and Economic Geography: spatial selection and sorting[J]. Journal of Economic Geography, 2005, 6(3): 323-346.

[17] BALDWIN R E, ROBERT-NICOUD F. The impact of trade on Intraindustry reallocation and aggregate industry productivity: a Comment[R]. NBER Working Paper No. 10718, 2004.

[18] BALDWIN R E, ROBERT-NICOUD F. Trade and growth with heterogeneous firms[J]. Journal of International Economics, 2008, 74(1): 21-34.

[19] BALDWIN R, OKUBO T. Agglomeration, offshoring and heterogenous firms[R]. CEPR Discussion Papers, 2006.

[20] BALDWIN R, OKUBO T. Tax reform, delocation, and heterogeneous firms[J]. The Scandinavian Journal of Economics, 2009, 111(4): 741-764.

[21] BALDWIN J R, BROWN W M, Rigby D L. Agglomeration

economies: Microdata panel estimates from Canadian manufacturing[J]. Journal of Regional Science, 2010, 50(5): 915-934.

[22] BARRO R J, GORDON D B. Rules, discretion and reputation in a model of monetary policy[J]. Journal of Monetary Economics, 1983, 12(1): 101-121.

[23] BARTIK T J, ERICKCEK G A. The employment and fiscal effects of Michigan's MEGA tax credit program[R]. Upjohn Institute Working Paper No. 10-164, 2010. Kalamazoo, MI: W. E. Upjohn Institute for Employment Research.

[24] BERNARD A B, EATON J, JENSEN J B, et al. Plants and productivity in international trade[J]. American Economic Review, 2003, 93(4): 1268-1290.

[25] BONDONIO D. Statistical methods to evaluate geographically-targeted Economic development programs [J]. Statistica Applicata, 2000, 12(2): 177-204.

[26] BORCK R, PFLÜGER M. Agglomeration and tax competition[J]. European Economic Review, 2006, 50(3): 647-668.

[27] BRANDT L, VAN BIESEBROECK J, ZHANG Y. Creative accounting or creative destruction? Firm-level productivity growth in Chinese manufacturing[J]. Journal of Development Economics, 2012, 97(2): 339-351.

[28] BRONZINI R, BLASIO G D. Evaluating the impact of investment incentives: The case of Italy's Law 488/1992[J]. Journal of Urban Economics, 2006, 60(2): 327-349.

[29] BRÜLHART M, MATHYS N A. Sectoral agglomeration economies in a panel of European regions [J]. Regional Science and Urban Economics, 2008, 38(4): 348-362.

[30] BUSSO M, GREGORY J, KLINE P. Assessing the incidence and efficiency of a prominent place based policy[J]. American Economic Review, 2013, 103(2): 897-947.

[31] CAI J, HARRISON A, LIN J. The pattern of protection and Economic growth: Evidence from Chinese cities[R]. Working

paper, 2011.

[32] CASELLI F, COLEMAN I I, JOHN W. The world technology frontier[J]. American Economic Review, 2006, 96(3): 499-522.

[33] CATALAN J. Strategic policy revisited: The origins of mass production in the motor industry of Argentina, Korea and Spain, 1945—1987[J]. Business History, 2010, 52(2): 207-230.

[34] CHAUREY R. Location-based tax incentives: Evidence from India[J]. Journal of Public Economics, 2016, 156: 101-120.

[35] CHOR D. Subsidies for FDI: Implications from a model with heterogeneous firms[J]. Journal of International Economics, 2009, 78(1): 113-125.

[36] COMBES P P, DURANTON G, GOBILLON L, et al. The productivity advantages of large cities: Distinguishing agglomeration from firm selection[J]. Econometrica, 2012, 80(6): 2543-2594.

[37] COMBES P P, DURANTON G, GOBILLON L. The identification of agglomeration economies[J]. Journal of Economic geography, 2010, 11(2): 253-266.

[38] CRISCUOLO C, MARTIN R, OVERMAN H, et al. The causal effects of an industrial policy[R]. NBER Working Paper No. 17 842, 2012.

[39] CRISCUOLO C, MARTIN R, OVERMAN H, et al. The effect of industrial policy on corporate performance: Evidence from panel data[R]. Centre for Economic Performance, London School of Economics, 2007.

[40] DEL GATTO M, OTTAVIANO G I P, PAGNINI M. Openness to trade and industry cost dispersion: evidence from a panel of Italian firms[J]. Journal of Regional Science, 2008, 48(1): 97-129.

[41] DUPONT V, MARTIN P. Subsidies to poor regions and inequalities: some unpleasant arithmetic[J]. Journal of Economic

Geography, 2006, 6(2): 223-223.

[42] DURANTON G, OVERMAN H G. Testing for localization using micro-geographic data[J]. The Review of Economic Studies, 2005, 72(4): 1077-1106.

[43] DURANTON G, PUGA D. Micro-foundations of urban agglomeration economies[M]//Handbook of regional and urban Economics. Elsevier, 2004, 4: 2063-2117.

[44] EASTERLY W, LEVINE R. Africa's growth tragedy: policies and ethnic divisions[J]. The Quarterly Journal of Economics, 1997, 112(4): 1203-1250.

[45] EGGER P, SEIDEL T. Corporate taxes and intra-firm trade [J]. European Economic Review, 2013, 63(4): 225-242.

[46] EGGER P, SEIDEL T. Tax competition with agglomeration and unemployment[C]//Conference Paper of 5th Norwegian-GermanSeminar on Public Economics, 2007.

[47] EVANS D S, LEIGHTON L S. Some empirical aspects of entrepreneurship[J]. The American Economic Review, 1989, 79(3): 519-535.

[48] FORSLID R, MIDELFART K H. Internationalisation, industrial policy and clusters[J]. Journal of International Economics, 2005, 66(1): 197-213.

[49] FORSLID R, OKUBO T. On the development strategy of countries of intermediate size—an analysis of heterogeneous firms in a multi-region framework[J]. European Economic Review, 2012, 56(4): 747-756.

[50] FORSLID R. Tax competition and agglomeration: main effects and empirical implications[J]. Swedish Economic Policy Review, 2005, 12(1): 113.

[51] FORSLID R, OKUBO T, SANCTUARY M. Trade, transboundary pollution and market size[R]. CEPR Discussion Papers, 2013.

[52] FOSTER L, HALTIWANGER J, SYVERSON C. Reallocation, firm turnover, and efficiency: Selection on productivity

or profitability? [J]. American Economic Review, 2008, 98 (1): 394-425.

[53] FRYE T, SHLEIFER A. The invisible hand and the grabbing hand[J]. American Economic Review, May 1997, 87 (2): 354-358.

[54] GATTI R, LOVE I. Does access to credit improve productivity? Evidence from Bulgaria 1[J]. Economics of Transition, 2008, 16(3): 445-465.

[55] GIVORD P, RATHELOT R, Sillard P. Place-based tax exemptions and displacement effects: an evaluation of the Zones Franches Urbaines program[J]. Regional Science and Urban Economics, 2013, 43(1): 151-163.

[56] GLAESER E L, GOTTLIEB J D. The Economics of place-making policies[R]. NBER Working Paper No. 14 373, 2008.

[57] GONZÁLEZ X, PAZÓ C. Do public subsidies stimulate private R&D spending? [J]. Research Policy, 2008, 37(3): 371-389.

[58] GREENBAUM R T, LANDERS J. Why are state policy makers still proponents of enterprise zones? What explains their action in the face of a preponderance of the research? [J]. International Regional Science Review, 2009, 32(4): 466-479.

[59] GREENSTONE M, GALLAGHER J. Does hazardous waste matter? Evidence from the housing market and the superfund program[J]. The Quarterly Journal of Economics, 2008, 123 (3): 951-1003.

[60] GREENSTONE M, LOONEY A. Ten economic facts about immigration[M]. Washington, DC: The Hamilton Project, Brookings Institution, 2010.

[61] GROSSMAN G M, HELPMAN E. Trade, knowledge spillovers, and growth[J]. European Economic Review, 1991, 35 (2-3): 517-526.

[62] GRUBER J, POTERBA J. Tax incentives and the decision to purchase health insurance: evidence from the self-employed [J]. The Quarterly Journal of Economics, 1994, 109(3): 701.

[63] GWARTNEY J D, LAWSON R, HOLCOMBE R G. The size and functions of government and Economic growth[M]. Washington, DC: Joint Economic Committee, 1998.

[64] HARRISON A, RODRÍGUEZ-CLARE A. Trade, foreign investment, and industrial policy for developing countries [M]//Handbook of development Economics. Elsevier, 2010, 5: 4039-4214.

[65] HENDERSON V. The urbanization process and Economic growth: the so-what question [J]. Journal of Economic growth, 2003, 8(1): 47-71.

[66] HOLMES T, WENTAI H, SANGHOON L. A model of cities, Entrepreneurship and exit[R]. NBER Working Paper, 2010.

[67] HSIEH C T, KLENOW P J. Misallocation and manufacturing TFP in China and India[J]. The Quarterly Journal of Economics, 2009, 124(4): 1403-1448.

[68] KAIN J H, PERSKY J J. Alternatives to the gilded ghetto [J]. The Public Interest, 1969 (14): 74.

[69] KIND H J, MIDELFART K H, SCHJELDERUP G. Corporate tax systems, multinational enterprises, and Economic integration[J]. Journal of International Economics, 2005, 65 (2): 507-521.

[70] KLEVEN H J, WASEEM M. Using notches to uncover optimization frictions and structural elasticities: Theory and evidence from Pakistan[J]. The Quarterly Journal of Economics, 2013, 128(2): 669-723.

[71] KLINE P, MORETTI E. Local Economic Development, Agglomeration Economies, and the Big Push: 100 Years of Evidence from the Tennessee Valley Authority [J]. The

Quarterly Journal of Economics, 2014, 129(1): 275-331.

[72] KLINE P, MORETTI E. People, places, and public policy: some simple welfare Economics of local Economic development programs [J]. Social Science Electronic Publishing, 2014, 6(1): 629-662.

[73] KLINE P, MORETTI E. Place based policies with unemployment[J]. American Economic Review, 2013, 103(3): 238-243.

[74] KNACK S, KEEFER P. Institutions and Economic performance: cross-country tests using alternative institutional measures[J]. Economics & Politics, 1995, 7(3): 207-227.

[75] KRUGMAN P. Increasing returns and Economic geography [J]. Journal of Political Economy, 1991, 99(3): 483-499.

[76] KRUGMAN P. New theories of trade among industrial countries[J]. The American Economic Review, 1983, 73(2): 343-347.

[77] LANASPA L F, PUEYO F, SANZ F. The public sector and core-periphery models[J]. Urban Studies, 2001, 38(10): 1639-1649.

[78] LEIBENSTEIN H. Allocative efficiency vs. "X-efficiency" [J]. The American Economic Review, 1966, 56(3): 392-415.

[79] LEVINSOHN J, PETRIN A. Estimating production functions using inputs to control for unobservables[J]. Review of Economic Studies, 2003, 70(2): 317-341.

[80] LUCAS R E. Supply-side Economics: an analytical review [J]. Oxford Economic Papers, 1990, 42(2): 293-316.

[81] LUCAS Jr R E. On the mechanics of Economic development [J]. Journal of monetary Economics, 1988, 22(1): 3-42.

[82] LUDEMA R D, WOOTON I. Economic geography and the fiscal effects of regional integration[J]. Journal of International Economics, 2000, 52(2): 331-357.

[83] MARÉ D C, GRAHAM D J. Agglomeration elasticities and

firm heterogeneity[J]. Journal of Urban Economics, 2013, 75: 44-56.

[84] MARTIN P, ROGERS C A. Industrial location and public infrastructure[J]. Journal of International Economics, 1995, 39(3-4): 335-351.

[85] MARTIN P, MAYER T, MAYNERIS F. Spatial concentration and plant-level productivity in France[J]. Journal of Urban Economics, 2011, 69(2): 182-195.

[86] MELITZ M J, OTTAVIANO G I P. Market size, trade, and productivity[J]. The Review of Economic Studies, 2008, 75(1): 295-316.

[87] MELITZ M J. The impact of trade on intra-industry reallocations and aggregate industry productivity[J]. Econometrica, 2003, 71(6): 1695-1725.

[88] MELO M T, NICKEL S, SALDANHA-DA-GAMA F. Facility location and supply chain management—A review[J]. European Journal of Operational Research, 2009, 196(2): 401-412.

[89] MOLL B. Productivity losses from financial frictions: can self-financing undo capital misallocation? [J]. American Economic Review, 2014, 104(10): 3186-3221.

[90] MYERS J E. The political Economy of ceramic production: a study of the Islamic commonware pottery of medieval Qsar es-Seghir[D]. Binghamton: State University of New York at Binghamton, 1984.

[91] NAKAMURA R. Agglomeration economies in urban manufacturing industries: a case of Japanese cities[J]. Journal of Urban Economics, 1985, 17(1): 108-124.

[92] NEUMARK D, KOLKO J. Do enterprise zones create jobs? Evidence from California's enterprise zone program[J]. Journal of Urban Economics, 2010, 68(1): 1-19.

[93] NEUMARK D, SIMPSON H. Place-based policies[R]. National Bureau of Economic Research, 2014.

[94] NICKELL S, NICOLITSAS D. How does financial pressure affect firms? [J]. European Economic Review, 1999, 43(8): 1435-1456.

[95] NOCCO A. Preference heterogeneity and Economic geography[J]. Journal of Regional Science, 2009, 49(1): 33-56.

[96] NOCKE V. A Gap for me: entrepreneurs and entry[R]. PIER Working Paper 03, 2003.

[97] NUNN N, TREFLER D. The structure of tariffs and long-term growth[J]. American Economic Journal: MacroEconomics, 2010, 2(4): 158-194.

[98] OKUBO T, PICARD P M, THISSE J F. The spatial selection of heterogeneous firms[J]. Journal of International Economics, 2010, 82(2): 230-237.

[99] OKUBO T, TOMIURA E. Industrial relocation policy, productivity and heterogeneous plants: evidence from Japan [J]. Regional Science and Urban Economics, 2012, 42(1-2): 230-239.

[100] OLLEY G S, PAKES A. The dynamics of productivity in the telecommunications equipment industry[J]. Econometrica, 1996, 64(6): 1263-1297.

[101] OTTAVIANO G I P, VAN YPERSELE T. Market size and tax competition[J]. Journal of International Economics, 2005, 67(1): 25-46.

[102] OTTAVIANO G I P. "New"new Economic geography: firm heterogeneity and agglomeration economies[J]. Journal of Economic Geography, 2010, 11(2): 231-240.

[103] OTTAVIANO G I P. Agglomeration, trade and selection [J]. Regional Science and Urban Economics, 2012, 42(6): 987-997.

[104] OTTAVIANO G, TABUCHI T, THISSE J F. Agglomeration and trade revisited[J]. International Economic Review, 2002, 43(2): 409-436.

[105] PAPKE L E. What do we know about enterprise zones?

[J]. Tax Policy and The Economy, 1993, 7: 37-72.

[106] PARTRIDGE M D, BETZ M R, LOBAO L. Natural resource curse and poverty in Appalachian America[J]. American Journal of Agricultural Economics, 2013, 95(2): 449-456.

[107] PERSSON T, TABELLINI G. Federal fiscal constitutions: risk sharing and redistribution [J]. Journal of political Economy, 1996, 104(5): 979-1009.

[108] RATHELOT R, SILLARD P. The importance of local corporate taxes in business location decisions: evidence from French micro data[J]. The Economic Journal, 2008, 118(527): 499-514.

[109] REYNOLDS C L, ROHLIN S. Do location-based tax incentives improve quality of life and quality of business environment? [J]. Journal of Regional Science, 2014, 54(1): 1-32.

[110] RICE J. Ecological unequal exchange: consumption, equity, and unsustainable structural relationships within the global Economy[J]. International Journal of Comparative Sociology, 2007, 48(1): 43-72.

[111] ROBACK J. Wages, rents, and the quality of life[J]. Journal of Political Economy, 1982, 90(6): 1257-1278.

[112] SAITO H, GOPINATH M, WU J J. Heterogeneous firms, trade liberalization and agglomeration[J]. Canadian Journal of Economics/Revue canadienne d'économique, 2011, 44(2): 541-560.

[113] SAITO H. Three essays on firm heterogeneity and regional development[M]. Corvallis: Oregon State University, 2008.

[114] SCHMINKE A, VAN BIESEBROECK J. Using export market performance to evaluate regional preferential policies in China[J]. Review of World Economics, 2013, 149(2): 343-367.

[115] SHLEIFER A, VISHNY R W. Politicians and firms[J]. The Quarterly Journal of Economics, 1994, 109(4): 995-

1025.

[116] STIGLITZ J E, DASGUPTA P. Market structure and resource depletion: a contribution to the theory of intertemporal monopolistic competition[J]. Journal of Economic Theory, 1982, 28(1): 128-164.

[117] SVEIKAUSKAS L. The productivity of cities [J]. The Quarterly Journal of Economics, 1975, 89(3): 393-413.

[118] SYVERSON C. Market structure and productivity: a concrete example[J]. Journal of Political Economy, 2004, 112(6): 1181-1222.

[119] SYVERSON C. Prices, spatial competition and heterogeneous producers: an empirical test [J]. The Journal of Industrial Economics, 2007, 55(2): 197-222.

[120] TABUCHI T, THISSE J F. Taste heterogeneity, labor mobility and Economic geography[J]. Journal of Development Economics, 2002, 69(1): 155-177.

[121] TASSEY G. Policy issues for R&D investment in a knowledge- based Economy [J]. The Journal of Technology Transfer, 2004, 29(2): 153-185.

[122] TURNER R C, CASSELL M K. When do states pursue targeted Economic development policies? The adoption and expansion of state enterprise zone programs [J]. Social Science Quarterly, 2007, 88(1): 86-103.

[123] ULLTVEIT-MOE K H. Regional policy design: An analysis of relocation, efficiency and equity[J]. European Economic Review, 2007, 51(6): 1443-1467.

[124] VENABLES A J. Productivity in cities: self-selection and sorting[J]. Journal of Economic Geography, 2011, 11(2): 241-251.

[125] WANG J. The Economic impact of special Economic zones: evidence from Chinese municipalities[J]. Journal of Development Economics, 2013, 101: 133-147.

[126] WREN C, TAYLOR J. Industrial restructuring and regional

policy[J]. Oxford Economic Papers，1999，51(3)：487-516. MLA

[127] ZUCKER L G，DARBY M R. Star scientists，innovation and regional and national immigration[R]. NBER Working Paper No. 13 547，2007.

[128] 安虎森，周亚雄，朴银哲. 差异化税率、转移支付和区域差距收敛分析[J]. 西南民族大学学报(人文社科版)，2013，34(1)：144-151.

[129] 白俊红. 中国的政府 R&D 资助有效吗? 来自大中型工业企业的经验证据[J]. 经济学，2011，10(4)：1375-1400.

[130] 白俊红，李婧. 政府 R&D 资助与企业技术创新——基于效率视角的实证分析[J]. 金融研究，2011 (6)：181-193.

[131] 白雪洁，姜凯，庞瑞芝. 我国主要国家级开发区的运行效率及提升路径选择——基于外资与土地利用视角[J]. 中国工业经济，2008 (8)：26-35.

[132] 陈良文，杨开忠，沈体雁等. 经济集聚密度与劳动生产率差异——基于北京市微观数据的实证研究[J]. 经济学 (季刊)，2009，8(1)：99-114.

[133] 陈强远，钱学锋，李敬子. 中国大城市的企业生产率溢价之谜[J]. 经济研究，2016(3)：110-122.

[134] 陈诗一，陈登科. 融资约束、企业效率韧性与我国加总全要素生产率研究[J]. 经济学报，2016，3(1)：1-31.

[135] 陈太明. 西部大开发的福利效应差异研究[J]. 投资研究，2017(6)：49-63.

[136] 陈钊，熊瑞祥. 比较优势与产业政策效果——来自出口加工区准实验的证据[J]. 管理世界，2015 (8)：67-80.

[137] 代娟，甘金龙. 基于 DEA 的财政支出效率研究[J]. 财政研究，2013(8)：22-25.

[138] 邓慧慧，赵家羚，虞义华. 地方政府建设开发区：左顾右盼的选择? [J]. 财经研究，2018 (3)：139-153.

[139] 邓明. 中国地区间市场分割的策略互动研究[J]. 中国工业经济，2014 (2)：18-30.

[140] 丁嵩，孙斌栋. 区域政策重塑了经济地理吗? ——空间中性

与空间干预的视角[J]. 经济社会体制比较，2015 (6)：56-67.

[141] 董香书，肖翔. 三大区域政策提高了劳动报酬比重吗?——基于中国工业企业数据的实证研究[J]. 经济学动态，2016 (8)：82-92.

[142] 杜立钊. 西部地区的 TFP 增长、技术进步与效率变化[J]. 经济问题探索，2018 (5)：63-69.

[143] 范剑勇，冯猛，李方文. 产业集聚与企业全要素生产率[J]. 世界经济，2014 (5)：51-73.

[144] 范剑勇. 产业集聚与地区间劳动生产率差异[J]. 经济研究，2006(11):72-81.

[145] 淦未宇，徐细雄，易娟. 我国西部大开发战略实施效果的阶段性评价与改进对策[J]. 经济地理，2011 (1)：40-46.

[146] 龚六堂，邹恒甫. 财政政策与价格水平的决定[J]. 经济研究，2002 (2)：10-16.

[147] 郭岱君. 台湾往事：台湾经济改革故事 (1949—1960)[M]. 北京:中信出版社，2015.

[148] 郭宏宝，仇伟杰. 财政投资对农村脱贫效应的边际递减趋势及对策[J]. 当代经济科学，2005，27(5):53-57.

[149] 何文，安虎森. 财税政策对经济总量和区域差距的影响研究——基于多维框架的新经济地理学理论分析[J]. 财经研究，2013，39(6)：4-15.

[150] 洪俊杰，刘志强，黄薇. 区域振兴战略与中国工业空间结构变动——对中国工业企业调查数据的实证分析[J]. 经济研究，2014 (8)：28-40.

[151] 黄群慧，李晓华. 中国工业发展“十二五”评估及“十三五”战略[J]. 中国工业经济，2015 (9)：5-20.

[152] 简泽. 企业间的生产率差异、资源再配置与制造业部门的生产率[J]. 管理世界，2011(5):11-23.

[153] 江飞涛，李晓萍. 直接干预市场与限制竞争:中国产业政策的取向与根本缺陷[J]. 中国工业经济，2010(9):26-36.

[154] 蒋殿春，谢红军. 外资并购与目标企业生产率:对中国制造业数据的因果评估[J]. 世界经济，2018(5):99-124.

[155] 雷根强，黄晓虹，席鹏辉. 转移支付对城乡收入差距的影响——基于我国中西部县域数据的模糊断点回归分析[J]. 财贸经济，2015 (12)：35-48.

[156] 雷曙光. 上海市开发区绩效评估与转型发展[J]. 上海管理科学，2017 (6)：70-75.

[157] 黎文靖，李耀淘. 产业政策激励了公司投资吗[J]. 中国工业经济，2014(5)：122-134.

[158] 黎文靖，郑曼妮. 实质性创新还是策略性创新？——宏观产业政策对微观企业创新的影响[J]. 经济研究，2016，51(4)：60-73.

[159] 李波，杨先明. 贸易便利化与企业生产率：基于产业集聚的视角[J]. 世界经济，2018，41(3)：54-79.

[160] 李国武，侯佳伟. 锦标赛体制与中国省级开发区的增长[J]. 社会，2011 (2)：42-72.

[161] 李科，徐龙炳. 融资约束、债务能力与公司业绩[J]. 经济研究，2011 (5)：61-73.

[162] 李力行，申广军. 经济开发区、地区比较优势与产业结构调整[J]. 经济学(季刊)，2015，14(3)：886-910.

[163] 李力行，黄佩媛，马光荣. 土地资源错配与中国工业企业生产率差异[J]. 管理世界，2016(8)：86-96.

[164] 李莉，高洪利，陈靖涵. 中国高科技企业信贷融资的信号博弈分析[J]. 经济研究，2015，50(6)：162-174.

[165] 李平，季永宝. 要素价格扭曲是否抑制了我国自主创新？[J]. 世界经济研究，2014 (1)：10-15.

[166] 李平，王春晖，于国才. 基础设施与经济发展的文献综述[J]. 世界经济，2011 (5)：93-116.

[167] 李志远，余淼杰. 生产率、信贷约束与企业出口：基于中国企业层面的分析[J]. 经济研究，2013 (6)：85-99.

[168] 梁琦，黄卓. 空间经济学在中国[J]. 经济学(季刊)，2012，11(3)：1027-1036.

[169] 梁琦，李晓萍，简泽. 异质性企业的空间选择与地区生产率差距研究[J]. 统计研究，2013，30(6)：51-57.

[170] 梁琦. 分工、集聚与增长[M]. 北京：商务印书馆，2009.

[171] 林建华，任保平. 西部大开发战略10年绩效评价：1999—2008[J]. 开发研究，2009 (1)：48-52.

[172] 林毅夫，蔡昉，李周. 中国的奇迹：发展战略与经济改革[M]. 增订版.上海:生活·读书·新知三联书店和上海人民出版社，1999.

[173] 林毅夫. 政府如何制定产业政策？[J]. 中国房地产业，2014(2):46-47.

[174] 林毅夫，向为，余淼杰. 区域型产业政策与企业生产率[J]. 经济学(季刊)，2018，17(2).

[175] 刘海燕，刘敬远. FDI与区域经济增长的实证研究——基于天津经济技术开发区数据的计量检验[J]. 国际商务(对外经济贸易大学学报)，2009 (6)：68-74.

[176] 刘海洋,孔祥贞,汤二子.基于微观异质性的新新经济地理研究[J]. 财经科学，2012 (4)：62-71.

[177] 刘行，叶康涛. 金融发展、产权与企业税负[J]. 管理世界，2014 (3)：41-52.

[178] 刘瑞明，赵仁杰.西部大开发：增长驱动还是政策陷阱——基于PSM-DID方法的研究[J]. 中国工业经济，2015 (6)：32-43.

[179] 刘生龙,王亚华,胡鞍钢.西部大开发成效与中国区域经济收敛[J].经济研究，2009(9)：94-105.

[180] 刘维刚，倪红福，夏杰长. 生产分割对企业生产率的影响[J]. 世界经济，2017，40(8):29-52.

[181] 刘修岩，张学良. 集聚经济与企业区位选择——基于中国地级区域企业数据的实证研究[J]. 财经研究，2010，36(11)：83-92.

[182] 刘元春. 国有企业宏观效率论——理论及其验证[J]. 中国社会科学，2001 (5)：69-81.

[183] 刘忠，牛文涛，廖冰玲. 我国“西部大开发战略”研究综述及反思[J]. 经济学动态，2012 (6) ：77-84.

[184] 柳光强，杨芷晴，曹普桥. 产业发展视角下税收优惠与财政补贴激励效果比较研究——基于信息技术、新能源产业上市公司经营业绩的面板数据分析[J]. 财贸经济，2015 (8)：38-

47.

[185] 陆铭，向宽虎，陈钊. 中国的城市化和城市体系调整：基于文献的评论[J]. 世界经济，2011 (6)：3-25.

[186] 鲁晓东，连玉君. 中国工业企业全要素生产率估计：1999—2007[J]. 经济学(季刊)，2012，11(2)：541-558.

[187] 毛其淋，许家云. 政府补贴对企业新产品创新的影响——基于补贴强度“适度区间”的视角[J]. 中国工业经济，2015 (6)：94-107.

[188] 缪小林，史倩茹. 经济竞争下的地方财政风险：透过债务规模看财政效率[J]. 财政研究，2016(10)：20-35.

[189] 聂辉华，方明月，李涛. 增值税转型对企业行为和绩效的影响——以东北地区为例[J]. 管理世界，2009(5)：17-24.

[190] 聂辉华，谭松涛，王宇峰. 创新、企业规模和市场竞争[J]. 世界经济，2008 (7)：57-66.

[191] 聂辉华. 产业政策的有效边界和微观基础[J]. 学习与探索，2017 (8)：110-117.

[192] 彭曦，陈仲常. 西部大开发政策效应评价[J]. 中国人口资源与环境，2016，26(3)：136-144.

[193] 饶品贵，岳衡，姜国华. 经济政策不确定性与企业投资行为研究[J]. 世界经济，2017 (2)：27-51.

[194] 邵敏，包群. 政府补贴与企业生产率——基于我国工业企业的经验分析[J]. 中国工业经济，2012 (7)：70-82.

[195] 邵帅，齐中英. 西部地区的能源开发与经济增长——基于“资源诅咒”假说的实证分析[J]. 经济研究，2008 (4)：147-160.

[196] 舒锐. 产业政策一定有效吗？——基于工业数据的实证分析[J]. 产业经济研究，2013 (3)：45-54.

[197] 宋凌云，王贤彬. 重点产业政策、资源重置与产业生产率[J]. 管理世界，2013 (12)：63-77.

[198] 孙文杰，沈坤荣. 技术引进与中国企业的自主创新：基于分位数回归模型的经验研究[J]. 世界经济，2007，30(11)：32-43.

[199] 孙楚仁，陈瑾. 企业生产率异质性是否会影响工业集聚[J]. 世界经济，2017，40(2)：52-77.

[200] 谭周令，程豹. 西部大开发的净政策效应分析[J]. 中国人口资源与环境，2018，28(3)：169-176.

[201] 汤二子，于长宏. 中国工业企业支出规模与 R&D 波及面：2005～2007[J]. 改革，2011(4)：103-110.

[202] 汤二子. 中国企业“出口－生产率悖论”：理论裂变与检验重塑[J]. 管理世界，2017(2)：30-42.

[203] 陶锋，胡军，李诗田，等. 金融地理结构如何影响企业生产率？——兼论金融供给侧结构性改革[J]. 经济研究，2017(9)：55-71.

[204] 王丽艳，马光荣. 财政转移支付对地区经济增长的影响——基于空间断点回归的实证研究[J]. 经济评论，2018 (2)：3-14.

[205] 王洛林，魏后凯. 我国西部大开发的进展及效果评价[J]. 财贸经济，2003 (10)：5-12.

[206] 王永进，张国峰. 开发区生产率优势的来源：集聚效应还是选择效应？[J]. 经济研究，2016，51(7)：58-71.

[207] 王跃堂，倪婷婷. 增值税转型、产权特征与企业劳动力需求[J]. 管理科学学报，2015，18(4)：18-37.

[208] 王跃堂，王国俊，彭洋. 控制权性质影响税收敏感性吗？——基于企业劳动力需求的检验[J]. 经济研究，2012 (4)：52-63.

[209] 王争，孙柳媚，史晋川. 外资溢出对中国私营企业生产率的异质性影响—来自普查数据的证据[J]. 经济学季刊，2008，8(1)：129-158.

[210] 魏后凯. 中国城镇化进程中两极化倾向与规模格局重构[J]. 中国工业经济，2014 (3)：18-30.

[211] 吴延兵. R&D 与生产率——基于中国制造业的实证研究[J]. 经济研究，2006，41(11)：60-71.

[212] 向训勇，陈婷，陈飞翔. 进口中间投入、企业生产率与人民币汇率传递——基于我国出口企业微观数据的实证研究[J]. 金融研究，2016(9)：33-49.

[213] 肖兴志，韩超，赵文霞，等. 发展战略，产业升级与战略性新兴产业选择[J]. 财经问题研究，2010 (8)：40-47.

[214] 肖兴志，王伊攀. 战略性新兴产业政府补贴是否用在了“刀

刃”上？——基于 254 家上市公司的数据[J]. 经济管理，2014 (4)：19-31.

[215] 肖芸，龚六堂. 财政分权框架下的财政政策和货币政策[J]. 经济研究，2003 (1)：45-53.

[216] 解维敏，唐清泉，陆姗姗. 政府 R&D 资助，企业 R&D 支出与自主创新——来自中国上市公司的经验证据[J]. 金融研究，2009(6)：86-99.

[217] 严成樑，龚六堂. 财政支出、税收与长期经济增长[J]. 经济研究，2009 (6)：4-15.

[218] 杨汝岱. 中国制造业企业全要素生产率研究[J]. 经济研究，2015 (2)：61-74.

[219] 叶金珍，安虎森. 腐败、转移支付与区域经济差距 ——基于异质性新经济地理学模型的分析[J]. 西南民族大学学报(人文社会科学版)，2017(12)：122-131.

[220] 于海峰，赵丽萍. 西部大开发税收优惠政策的效应分析及对策[J]. 税务研究，2010 (2)：26-30.

[221] 于文超，周雅玲，肖忠意. 税务检查、税负水平与企业生产效率——基于世界银行企业调查数据的经验研究[J]. 经济科学，2015 (2)：70-81.

[222] 余东华，吕逸楠. 政府不当干预与战略性新兴产业产能过剩——以中国光伏产业为例[J]. 中国工业经济，2015 (10)：53-68.

[223] 余淼杰. 加工贸易、企业生产率和关税减免——来自中国产品面的证据[J]. 经济学(季刊)，2011(4)：1251-1280.

[224] 余明桂，回雅甫，潘红波. 政治联系、寻租与地方政府财政补贴有效性[J]. 经济研究，2010 (3)：65-77.

[225] 余泳泽. 创新要素集聚，政府支持与科技创新效率——基于省域数据的空间面板计量分析[J]. 经济评论，2011 (2)：93-101.

[226] 袁航，朱承亮. 西部大开发推动产业结构转型升级了吗？——基于 PSM-DID 方法的检验[J]. 中国软科学，2018(6)：67-81.

[227] 张成，陈宁，周波. 东部率先发展战略和全要素生产率提升——基于倾向得分匹配-双重差分法的经验分析[J]. 当代

财经，2017(11)：3-15.

[228] 张杰，郑文平，翟福昕. 竞争如何影响创新：中国情景的新检验[J]. 中国工业经济，2014 (11)：56-68.

[229] 张杰，张帆，陈志远. 出口与企业生产率关系的新检验：中国经验[J]. 世界经济，2016(6)：54-76.

[230] 张梦婷，俞峰，钟昌标，等. 高铁网络、市场准入与企业生产率[J]. 中国工业经济，2018(5)：137-156.

[231] 张睿，张勋，戴若尘. 基础设施与企业生产率：市场扩张与外资竞争的视角[J]. 管理世界，2018(1)：88-102.

[232] 赵奇伟，秦帆，严兵. 中国工业企业生产率的动态变化机制：自我驱动、技术扩散与同业竞争[J]. 经济学动态，2016(10)：50-62.

[233] 赵卿. 国家产业政策，产权性质与公司业绩[J]. 南方经济，2016 (3)：68-85.

[234] 赵曜，柯善咨. 筛选效应、异质企业内生集聚与城市生产率[J]. 财贸经济，2017，38(3)：52-66.

[235] 赵勇，魏后凯. 政府干预、城市群空间功能分工与地区差距——兼论中国区域政策的有效性[J]. 管理世界，2015 (8)：14-29.

[236] 郑海龙，吴启芳，巢剑雄. 国家高新技术产业开发区发展实证研究[J]. 数量经济技术经济研究，2001，18(2)：32-34.

[237] 郑佳佳. 西部大开发提高了西部地区的碳排放绿色贡献度吗？——基于双倍差分法的经验分析[J]. 经济经纬，2016 (4)：26-31.

[238] 朱平芳，李磊. 两种技术引进方式的直接效应研究——上海市大中型工业企业的微观实证[J]. 经济研究，2006(3)：90-102.

[239] 刘廷华. 商业信用对企业技术创新的影响研究[M]. 北京：中国社会科学出版社，2021.

[240] 随洪光. 外商直接投资对经济增长质量影响的研究：机制、效果与结构演化[M]. 北京：人民邮电出版社，2017.